Olivier Rollot

La Génération Y

Presses Universitaires de France

ISBN 978-2-13-059486-4
Dépôt légal — 1re édition : 2012, mars

Introduction

Digitale, connectée mais déconnectée des réalités, immature, innovante… : les qualificatifs ne manquent pas pour définir une génération qu'on a appelée Y en 1993 dans un article du magazine américain *Advertising Age*[1]. Vingt ans après, les 16 millions de Y que compte la France – nous dirons ici qu'ils sont nés entre 1981 et 1999, même ce périmètre est discuté – ont aussi bien l'âge de la maturité dans l'entreprise que celui de la préadolescence[2]. En 2015, ils représenteront 40 % de la population active et leur intégration dans les entreprises est l'un des grands défis qu'elles doivent relever.

Si les Y ne sont pas tous nés dans l'ère digitale, ils y ont tous baigné au moins dès l'adolescence. S'ils nous pas tous vu leurs parents traverser des périodes de chômage, ils ont tous pu constater que l'ère du plein emploi était derrière nous et que le chômage frappait tout spécialement les jeunes. Si leurs parents ne sont pas tous divorcés, ils sont pour beaucoup les produits de couples recomposés. Dans tous les cas, ils ont vite appris à négocier avec leur famille et entendent bien le faire toute leur vie.

1. À lire sur www.the-yers.fr/concept-generation
2. Une courte vidéo résume qui sont les Y : http://vimeo.com/33023016

Passionnée par le web et les technologies, réticente à s'investir dans l'entreprise mais prête à travailler sans fin si le projet la motive, ouverte sur le monde, la génération Y est une énigme pour les 40-60 ans qui exercent aujourd'hui le pouvoir. Là où ils ont fini par accepter les frustrations nées d'un chômage endémique, leurs enfants et petits-enfants revendiquent le droit à la mobilité. Là où ils ont plié l'échine devant la toute puissance des hiérarchies, ils sont confrontés aux questions d'une génération qui veut comprendre *tout* ce qu'on lui demande. La génération Y est celle du questionnement (en anglais, *Y* se prononce comme *why*, pourquoi) et de la remise en question d'une société incapable de maîtriser ses mutations.

En cela, le Y est bien sûr un jeune, mais un jeune bien différent des générations conquérantes de l'après-guerre ou résignées des années 1980. Oubliant les critiques dont eux-mêmes étaient l'objet, ces générations reprochent pêle-mêle aux Y leur nonchalance ou leur désengagement politique. Et quand ils s'enthousiasment devant leur technophilie, c'est bien souvent ensuite pour fustiger leur immaturité à s'en servir : Wikileaks, d'accord, mais d'abord expurgé par des journalistes à l'ancienne ! Internet, super, mais ne faudrait-il pas un jour réglementer tout cela à la manière d'un super-Hadopi ? Facebook, quelle horreur, cette vie privée mise en avant !

Cocktail détonnant, dans lequel la méfiance vis-à-vis des institutions et des pouvoirs quels qu'ils soient, la facilité d'accès à l'information et la passion pour l'international sont les trois ingrédients principaux. La Génération Y a bien du mal à s'intégrer dans un monde du travail qui en est largement resté aux méthodes hiérarchiques héritées du siècle dernier. Fruit d'une éducation libérale, d'un environnement multiculturel et d'une société fondée sur la technologie, la génération Y est porteuse de tels bouleversements qu'elle va, à la manière de leurs baby-boomers de grands-parents, peu à peu imposer ses codes à toute la société. Bienvenue à ceux dont on dit qu'ils se définissent par quatre adjectifs en « i » : interconnectés, inventifs, individualistes et… impatients.

CHAPITRE 1

La génération Y existe-t-elle vraiment ?

Les Y, ce sont aujourd'hui aussi bien des jeunes encore en formation que d'autres déjà dans la vie active et même parents, pour les plus âgés. Certains sont déjà bien installés dans la vie quand d'autres vivent dans la plus grande précarité. Beaucoup sont partis travailler à l'étranger. Une génération segmentée en fonction de classes sociales, de nationalités, de sexe ou d'âge. Tous différents ? Non, parce ce qui les rapproche, c'est une culture commune, qu'on retrouve partout dans le monde et dont le point commun essentiel est l'addiction à l'Internet. « Dans les démocraties, chaque génération est un peuple nouveau », disait Alexis de Tocqueville.

Les Y savent aussi qu'ils vivront vieux, au-delà de 80 ans, et commencent parfois à penser à leur retraite dès le premier emploi. S'ils se marient ou vivent en couple, ils ont toujours en tête que leur engagement n'est pas forcément définitif – leurs parents leur ont souvent montré la voie. S'ils ont un emploi, ils sont conscients qu'ils peuvent le perdre à tout moment. Ils sont très conscients de la précarité de leur vie et travaillent pour essayer d'y échapper. Une précarité difficile à vivre, quand on a été désiré et choyé par sa famille. Élevés dans une société hyperconnectée et multiculturelle, les Y sont également plus diplômés et moins crédules que leurs aînés.

Habitués à voir ces derniers « baladés » par les médias ou par leur entreprise, ils veulent à tout prix comprendre ce qu'on leur raconte pour ne pas être abusés à leur tour. Ils peuvent se définir comme des consommateurs avertis, au sens large, qu'il s'agisse de ce qu'ils achètent mais aussi de ce qu'on leur apprend en cours, de ce que leur disent leurs parents ou de ce que leur demandent l'entreprise. C'est bien en cela que la génération Y n'est pas la suite d'une génération X finalement bien contente d'hériter, sans avoir à se battre, d'une liberté conquise par les soixante-huitards. Son Y signifie bien *why* et des « pourquoi ? », elle en a à revendre sur une société dont elle perçoit les limites[1].

UNE NOUVELLE RENAISSANCE ?

Héritière des progrès de l'après-guerre, la génération Y est aussi et surtout la première à tester la civilisation de l'Internet : celle de l'immatériel et de la mondialisation, dans laquelle les frontières et les connaissances trouvent de nouvelles dimensions. L'homme et la femme Y sont-ils alors des mutants ? C'est ce que pense le philosophe Michel Serres[2] :

> Sans que nous nous en apercevions, un nouvel humain est né, pendant un intervalle bref, celui qui nous sépare des années

1. Le Pew Resarch Center, un *think tank* américain, consacre aux Y un dossier passionnant intitulé « Millennials: Confident. Connected. Open to Change » (www.pewsocialtrends.org).

2. Dans la tribune « Éduquer au XXIe siècle » publiée dans *Le Monde* en mars 2011 (www.lemonde.fr/idees/article/2011/03/05/eduquer-au-xxie-siecle_1488298_3232.html).

soixante-dix. Il ou elle n'a plus le même corps, la même espérance de vie, ne communique plus de la même façon, ne perçoit plus le même monde, ne vit plus dans la même nature, n'habite plus le même espace. Né sous péridurale et de naissance programmée, il ne redoute plus, sous soins palliatifs, la même mort. N'ayant plus la même tête que celle de ses parents, il ou elle connaît autrement.

Comme Gutenberg avec l'invention de l'imprimerie en 1440, Internet a tout simplement bouleversé notre rapport au savoir.

Alors, l'Y est-il un être nouveau dans un monde nouveau ? Bien sûr, selon Michel Serres, qui voit dans notre époque

> [...] une période comparable à l'aurore de la *paideia*[1], après que les Grecs apprirent à écrire et démontrer ; semblable à la Renaissance, qui vit naître l'impression et le règne du livre apparaître ; période incomparable pourtant, puisqu'en même temps que ces techniques mutent, le corps se métamorphose, changent la naissance et la mort, la souffrance et la guérison, les métiers, l'espace, l'habitat, l'être-au-monde.

Un changement complet de paradigme qui est aujourd'hui celui de toute la société et fait naître un sentiment de détresse immense chez tous ceux qui ne s'y reconnaissent plus. L'accélération du temps est particulièrement stressante, en ce sens qu'elle ne semble plus laisser de temps à la réflexion. Tout, tout de suite, oui, mais pourquoi faire ? Les Y sont d'autant plus en quête d'un sens à donner à leur vie qu'ils n'ont guère le temps d'y réfléchir.

1. *Paideia* signifie en grec « éduquer » et fait référence au processus qui fait de l'homme un citoyen dans la Grèce antique.

Les cinq générations

Schématiquement, cinq générations vivent ensemble aujourd'hui :

- les « vétérans », nés entre 1922 et 1945 ;
- les « baby-boomers », nés entre 1946 et 1964 ;
- les « X », nés entre 1965 et 1980 ;
- les « Y », nés entre 1981 et 1999 ;
- les « Z » (le nom qu'on commence à leur donner), nés depuis 2000.

On appelle aussi souvent les Y la « *millenial génération* » – ils ont vécu leur enfance à cheval sur deux millénaires –, les « *yers* », les « *digital natives* », la « génération Internet » ou encore la « génération zapping ».

UNE CULTURE COMMUNE

Si tout le monde est d'accord pour affirmer que notre monde est en pleine mutation, tout le monde ne s'accorde pas pour dire que la génération Y est pour autant si différente des autres générations. Enseignant-chercheur à Rouen Business School, Jean Pralong s'est ainsi fait le pourfendeur de la notion d'Y sur son blog[1] Nouvelles carrières :

> Le premier sociologue venu rappellerait que les représentations et les comportements ont probablement une composante généra-

1. www.nouvelles-carrieres.fr/

tionnelle, mais qu'elle est bien faible par rapport à l'influence de la classe sociale, des études, des groupes d'appartenance ou des territoires. Qu'ont donc en commun, hormis l'âge, des jeunes du nord et de l'ouest de l'Ile-de-France ? Un apprenti artisan et un étudiant d'une grande école ? Un enfant de cadres et un enfant de milieux populaires ? Pas grand chose, évidemment.

Un analyse que reprend le sociologue Louis Chauvel en notant[1] que « comparée à l'homogénéité réelle ou supposée de la génération qui eut vingt ans en 1968, l'état de fragmentation sociale et culturelle des générations de "jeunes" d'aujourd'hui [...] laisse supposer que ces ensembles démographiques forment avant tout des cohortes sans contenu collectif tangible, au contraire des générations qui les avaient précédées et dont la participation au renouvellement des formes symboliques et culturelles demeure un phénomène sociohistorique de grande ampleur ».

A contrario de Jean-Pralong, Benjamin Chaminade croit dans l'existence de la génération Y au point d'en être devenu un incontournable porte-parole auprès des entreprises et d'avoir créé le site Génération Y[2]. Mais il n'est finalement pas si loin du point de vue de Jean Pralong quand il explique que si « cette génération est souvent simplifiée et définie par une empreinte démographique sur la pyramide des âges, elle s'en est affranchie pour devenir une "culture" ou "état d'esprit" que l'on retrouve chez les membres des autres générations ! On peut donc dire que la génération Y n'existe pas, elle est

1. Dans son document « Les nouvelles générations devant la panne prolongée de l'ascenseur social », à lire sur son blog : www.louischauvel.org
2. www.generationy20.com

simplement le côté émergé de l'iceberg qui nous montre les mutations de notre société ! »

Ce que Cathy Lemer, docteur en psychologie et coach spécialisée dans les jeunes, explique ainsi : « Les jeunes ont une vision grossie de ce que toute la société tend à être. Certains managers viennent par exemple après 40 ans chercher un coach pour donner un sens à leur vie. Dès tout petits, les Y sont déjà tombés dans cette psychologie du bonheur ». En résumé : on peut être Y à tous les âges mais certains – les plus jeunes – le sont forcément plus que d'autres parce que tous en possèdent tous les codes. En 1968 aussi, il y avait des quarantenaires soixante-huitards et des soixante-huitards bourgeois. Personne ne nie pourtant à cette génération son homogénéité quand certains voudraient nier aux Y leur originalité au nom de leurs différences. Mais ce qui les rapproche – et en fait une génération totalement différente des précédentes – est bien plus fort que ce qui les sépare.

Michel Serres a raison de parler de mutants, en ce sens qu'ils vivent dans une société en profond renouvellement et sentent bien qu'ils doivent lui apporter de nouveaux codes. À partir de quel moment ce qui a fait le succès des sociétés occidentales n'est-il plus bon pour elles ? Quand faut-il tout changer ? Et comment ? Voilà les questions fondamentales auxquelles les Y doivent répondre. D'où aussi la peur qu'ont d'eux les générations précédentes, qui craignent de voir remis en cause leurs acquis et s'effraient parfois de ces jeunes qui vont obliger la société à évoluer[1]. D'autant que l'accélé-

1. La notion de génération est très bien abordée dans l'étude « Évolution des valeurs des jeunes entre 1979 et 2006 », menée en 2006 par l'économiste Régis Bigot pour le Centre de recherche pour l'étude et l'observation des conditions de vie (Crédoc). À retrouver sur www.credoc.fr/pdf/Sou/Valeursdesjeunesentre1979et2006.pdf

ration des évolutions dans les comportements semble exponentielle. Dans leur approche de la société, les « vieux » Y de 30 ans sont déjà très différents de jeunes Y de 15 ans beaucoup plus ancrés dans un monde de vitesse et de soudaineté qu'eux. Sans parler des Z…

Génération incompris ?

Les Français portent souvent un regard franchement critique sur leur jeunesse. Dans un sondage réalisé fin 2011 pour *Le Monde*[1], ils sont ainsi 70 % à les trouver révoltés, 63 % égoïstes, 53 % paresseux et 53 % intolérants. Mais le pire c'est qu'interrogés eux-mêmes, les moins de 30 ans sont encore plus critiques : 70 % se jugent égoïstes, 65 % paresseux et 51 % intolérants ! Pour autant, les Français ont à 81 % conscience qu'il est difficile d'être un jeune aujourd'hui, à 92 % qu'il est aujourd'hui plus difficile de trouver un emploi que cela l'était à leur époque, et à 89 % qu'il est également plus difficile de trouver un logement.

Les jeunes souffrent mais ils n'ont que ce qu'ils méritent, voilà donc ce qu'en penseraient les adultes ? Le débat engagé ensuite sur le sujet sur *lemonde.fr* a été vif et on peut en trouver des extraits sur le blog des médiateurs du *Monde*, mais aussi sur Facebook[2]. Alexandre (un jeune) y dit ainsi : « Que l'on ne vienne pas nous traiter d'égoïstes parce qu'une fois que les vieux auront fini de profiter du système qu'ils ont eux-mêmes créé, il ne restera plus rien pour nous ». Gueb (moins jeune) est lui « pro-jeune » puisqu'il pense qu'ils sont

1. Réalisé par Ipsos-Logica Business Consulting à l'occasion du premier colloque sur « Les enjeux de l'élection présidentielle » pour Le Monde.

2. http://rezonances.blog.lemonde.fr/2011/11/24/un-monde-de-vieux et https://www.facebook.com/lemonde.fr/posts/264191736961917

« capables de faire mieux, bien mieux que nous ». Quant à Paul (un moins jeune), il rappelle utilement que « les “jeunes” sont toujours mal vus par les “vieux” à toute époque et les “vieux” perçus comme ringards ».

68 – X = Y ?

Révoltés, décalés, modernes, mutants, privilégiés, narcissiques, à qui s'appliquent ces qualificatifs ? Aux Y ? Oui. Mais on les retrouve d'abord dans les articles consacrés à la Génération 68, ceux qui sont souvent les grands-parents, parfois les parents de ces Y qui leur ressemblent tant. Comme eux, ils vivent dans un monde en profond bouleversement. Comme eux, ils ont été élevés en enfants gâtés. Comme eux, ils ont l'impression que la société dans laquelle ils entrent est obsolète et ne veut pas leur laisser la place qu'ils méritent. Comme eux, ils ont une profonde identité générationnelle.

Mais les Y auront-ils pour autant leur Mai-68 ? S'ils ne sont pas réputés pour leur engagement, les multiples mouvements des « indignés » fleurissant dans le monde prouvent qu'ils n'en ont pas moins une vraie conscience politique. Comme les soixante-huitards, il leur reste encore à leur donner un objectif dans un monde incertain. Parce que nés comme eux dans une relative opulence, les Y – du moins ceux des pays occidentaux – n'auront eux pas la chance de s'y épanouir longtemps. Depuis 2009, la crise est bien là et ils en sont les premières victimes.

Si, en 1968, on pouvait encore penser que virer les patrons pourrait suffire à changer le monde, les Y français ou américains des années 2010 savent que la donne a bien changé. Avec la mondialisation, ils sont face à d'autres Y – Chinois, Indiens, Turcs, etc. – qui ne partagent pas leur vision de la mondialisation, surtout si elle est aussi négative qu'en France. Allons-nous vivre des années « Y occidentaux contre Y émergents » ou « Y de tous les pays, unissons-nous » ? Les Y vont de toute façon peu à peu dominer le monde et, comme l'indique l'un des spécialistes américains de la génération Y, Eric Chester[1] : « Le futur appartient à ceux qui les comprennent et savent tirer le meilleur d'eux ».

1. http://generationwhy.com

CHAPITRE 2

La génération Y en 21 mots-clé

Les Y existent, nous les avons rencontrés. Dans les écoles, dans les entreprises, dans la vie sociale, ils sont différents parce qu'enfants des plus formidables bouleversements technologiques et sociaux qu'a connus la Terre depuis l'invention de l'imprimerie. Une révolution éclair qui s'est faite en moins de quinze ans et nous a fait successivement entrer dans l'ère de l'Internet, de la téléphonie mobile, des réseaux sociaux, de la mondialisation et maintenant des écrans tactiles. Autant d'évolutions qui ont modifié en profondeur notre comportement et induisent des valeurs nouvelles chez les représentants de cette première génération totalement impactée. Les Y ont tous en eux une culture commune qui en fait véritablement une génération unique.

1. LA DISTANCE

Enfant du divorce et du chômage, le Y n'a fondamentalement confiance en rien et prend bien garde à ne pas trop investir dans ses relations humaines comme dans sa vie professionnelle. Vrai « pro du CDD », il ne croit pas à la durée dans ses amours comme dans son travail. Sans aller jusqu'à parler de cynisme, le Y garde toujours une certaine distance, souvent amusée, vis-à-vis de tout. Il refuse donc de s'engager politiquement sur des combats abstraits et privilégie les luttes communautaires sur des projets précis. Si les jeunes se sont investis en 2006 contre le contrat première embauche (le fameux CPE), c'est parce qu'ils y voyaient une agression claire contre leur entrée dans la vie active.

2. LE QUESTIONNEMENT

Constamment reliés les uns aux autres, toujours reliés à l'information, les Y sont des hyper-communicants, qui posent constamment des questions pour vérifier leurs informations. Ils multiplient à chaque instant les « pourquoi ? » et ce n'est pas pour rien qu'on les appelle la génération *why*. Pourquoi faire comme ça ? Pourquoi est-ce lui qui commande ? Pourquoi apprendre ces vielles choses ? Pourquoi ? Mais parce qu'ils n'ont pas confiance et challengent très vite tous ceux qui veulent leur imposer leur autorité. Un questionnement qui peut parfois sembler arrogant à ceux qui se sentent challengés, notamment dans l'entreprise, par de jeunes recrues qui, à leurs yeux, n'ont pas encore fait leurs preuves. Mais cette arrogance est alors aussi un rempart contre une certaine fragilité : débuter dans la vie active est compliqué pour les Y, et ils veulent vite s'imposer et tester la solidité de leur management.

3. LE RESPECT

Le respect est la valeur que mettent – largement – en tête les jeunes interrogés en 2011 pour l'Ifop dans le cadre de son *Baromètre jeunesse*[1]. À la question : « Parmi les valeurs suivantes, quelles sont les trois que vous jugez les plus essentielles ? », ils répondent en effet en premier le respect (58 %) devant la famille (41 %), l'honnêteté (36 %), la liberté (25 %), le travail (22 %) et l'égalité (19 % chacun). Patrie, spiritualité et laïcité ne dépassent pas eux les 3 %. Respect, famille et honnêteté, trois valeurs qui marquent bien la prépondérance accordée à l'individu et à la qualité de la vie.

Mais ce respect est-il seulement celui qu'on leur doit ou englobe-t-il celui qu'ils doivent ? Les entreprises, voire les profs, se plaignent beaucoup de voir un « respect à sens unique » qu'ils devraient aux jeunes mais sans retour de leur part. « Ils ne respectent les plus expérimentés que si ceux-ci sont vraiment compétents. À cette condition, ils sont même très demandeurs d'expériences car ils sont à la recherche de repères », assure Pascal Morand, directeur de l'une des plus prestigieuses grande écoles de commerce françaises, ESCP Europe, frappé de les voir encore arborer des tee-shirts de Led Zeppelin ou des Clash, « de grands référents musicaux qui ne sont pas de leur génération mais sont des points de repères ».

1. *Baromètre Jeunesse*, 2011 réalisé pour le ministère de l'Éducation nationale, à consulter sur www.ifop.fr

Ce qui caractérise les Y

Dans leur passionnant document intitulé « Pour en finir avec la génération Y... » [1], les chercheurs François Pichault et Mathieu Pleyers caractérisent ainsi les Y.

CATÉGORIES	CARACTÉRISTIQUES
Recherche de sens au travail	Sens moral et civique, besoin d'un travail avec signification
Besoin d'accomplissement	Intérêt pour le travail et les défis proposés, attentes en matière d'éducation continue, attitude positive à l'égard du travail
Recherche de *feedback*	Besoin de gratification rapide en termes monétaires ou de promotion, une fois les objectifs atteints, recherche de *feedback* par rapport à l'engagement professionnel
Intégration vie privée/vie professionnelle	Indifférenciation temps de travail/temps de loisir, forte importance accordée aux loisirs, au divertissement, aux amis, à la famille, recherche du plaisir et de l'épanouissement au travail, capacité d'être multitâche

1. François Pichault et Mathieu Pleyers, « Pour en finir avec la génération Y. Enquête sur une représentation managériale », 2010 (à télécharger sur http://asset.rue89.com/files/2010pichault-pleyers.pdf).

Opportunisme	Poursuite d'un agenda personnel, opportunisme, agissements de *freelancers*, individualisme, estime de soi, besoin de s'affirmer
Esprit de groupe	Intérêt pour le travail en équipe et les collaborations
Faible loyalisme institutionnel	Peu de sentiment d'appartenance à l'entreprise, méfiance envers l'autorité et les institutions
Difficulté à se projeter dans le long terme	Incertitude sur l'avenir, difficulté à se projeter dans le futur, difficulté à s'engager et à faire des choix, primat de l'instantané
Technophilie	Haut degré de familiarisation aux technologies de l'information

Dans le même esprit, Julien Pouget, auteur d'*Intégrer et manager la génération Y*, dresse ainsi sur son blog[1] le portrait de la génération Y dans un nuage de tags où se trouvent pèle mêle les items :

Engagement citoyen Globalisation Information instantanée Gratification immédiate Connectés Impatients (MAINTENANT, pas dans 5 minutes) Horizontale Rapidement ennuyés Mobiles Multitâches Interdépendants Adaptables

1. http://lagenerationy.com. *Intégrer et manager la génération Y* est édité chez Vuibert.

4. LA FAMILLE

Prolongement direct de l'individu, la famille est la deuxième valeur des Y. Heureusement, car y ils restent de plus en plus longtemps. Mais même une fois émancipés, ils vont garder des rapports très proches toute leur vie. Élevés par des parents très compréhensifs, ils n'ont jamais vraiment senti le besoin aigu de s'en séparer et comptent sur eux pour toujours les aider. Ils reviennent facilement au nid en cas de coup dur professionnel. Dans une enquête intitulée « Une famille solidaire » [1], on constate ainsi que 32 % des 18-24 ans ont reçu de l'argent au cours des douze derniers mois, 24 % des prêts et 38 % des participations à des frais divers.

Un cordon ombilical qui ne sera jamais coupé ? Si, mais peu à peu, jusqu'à une rupture parfois complète, notamment en cas de recomposition familiale. Et sans certitude de toucher un jour un héritage, tant les retraités ont tendance à dépenser peu à peu tout leur capital pour préserver leur pouvoir d'achat. Voire à s'endetter. Depuis 2010, le nombre de refus d'héritages dus à la situation patrimoniale négative des successions a ainsi augmenté de plus de 33 %.

5. L'INDIVIDU

Avec ses centaines de déclinaisons possibles, la Mini est la voiture d'une génération qui veut à tout prix s'individuali-

1. Menée par le Credoc en 2007 (http://www.credoc.fr/pdf/4p/200.pdf).

ser dans un culte de ce qu'on pourrait appeler « l'égo-logie ». Un Y ne veut ressembler à aucun autre, ou plutôt si, à tous. Les Y ont certes des egos surdimensionnés mais n'en sont pas moins des individus solidaires dans le cadre de « tribus » [1].

Élevés dans le culte de l'amitié, ils sont tout sauf des solitaires et donnent une importance centrale à la culture de leurs « pairs ». Il est d'ailleurs très troublant pour les entreprises de voir les mêmes revendiquer en tant qu'individus avant de demander une augmentation collective. Les Y sont des individualistes qui travaillent en équipe, en tribu. Individualiser la rémunération ? Oui, mais si elle égale pour tous ! Attention, les Y n'en sont pas à une contradiction apparente près.

6. L'ÉMOTION

Si l'on caractérise d'abord les Y par leur rapport privilégié aux nouvelles technologies et aux réseaux sociaux, l'autre phénomène sociologique majeur auquel ils ont été confrontés tout jeunes est la téléréalité. Enfants du « Loft » et de « Secret Story », les Y sont terriblement influencés par le spectacle de ces jeunes enfermés dans une espèce de cour de récréation carcérale où tous les coups sont permis. Ils en conçoivent une vision du monde d'autant plus angoissante qu'ils sont nés dans un monde du spectacle où les émotions sont érigées en valeurs. *Le Discours de la méthode* de Descartes ? Envolé au

1. À lire : *Le Temps des tribus. Le déclin de l'individualisme dans les sociétés postmodernes*, de Michel Maffesoli, Gallimard, « Folio », 1988.

profit des émotions et du ressenti immédiat d'un être à l'ego si surdimensionné que rien de ce qu'il peut penser ne peut être négligeable.

7. LA CRÉATIVITÉ

Plus encore que tous les autres marqueurs générationnels, la volonté de créer – l'exigence même – caractérise les Y. Encouragés par leur entourage, aidés par les technologies, ils se révèlent très vite des créateurs hors pair. D'autant que la société ne manque pas de leur rappeler que c'est la qualité qui leur permettra de se mesurer aux Y des pays émergents et de garder leur niveau de vie. La civilisation de l'Internet est une civilisation de l'intelligence et de la créativité. Mais attention à la tentation du « copier-coller » des idées ou des textes des autres !

8. L'INDÉPENDANCE

La volonté d'être créatif rejoint celle de vouloir être indépendant, voire de créer sa propre entreprise. Les professions libérales comme celles qui donnent une certaine indépendance – avocat, médecin, etc. – sont prises d'assaut. Créer une entreprise est un objectif pour nombre de jeunes. Tous aspirent à une grande indépendance vis-à-vis d'une hiérarchie qu'ils jugent trop pesante et... pas assez créative.

9. LA FACILITÉ

Tout semble facile à des Y persuadés que la toile apporte la solution à tout en un clic. Ils n'ont donc guère envie d'apprendre par cœur tout ce qui est finalement si facile d'accès. Mais gare aux mirages de la facilité ! Il y a « presque tout » sur le Net. « Presque », pas tout. Acquérir une véritable expertise demande toujours beaucoup de travail. Attention encore à la tentation du « copier-coller »...

Un langage nouveau

On a beaucoup parlé du langage SMS et, pourquoi ne pas le dire, il faut rendre hommage à la formidable créativité grammaticale et linguistique qu'il a générée. Pour autant, les Y se font maintenant de plus en plus un devoir de respecter – larges claviers des smartphones aidant – l'orthographe et la grammaire. Ce qui ne les empêche pas d'employer un vocabulaire nouveau.

Toute génération a eu ses expressions, ses tics de langage. Mais avec la génération Y, tout semble s'être subitement accéléré, comme l'explique Michel Serres en remarquant que la langue des Y est « plus riche » que les précédentes [1]. Lui-même membre de l'Académie française, il constate que la différence quantitative de mots entre les dictionnaires de la langue (qu'elle publie environ tous les quarante ans) est passée de 4 000 à 5 000 mots au XXe siècle, à 30 000 mots pour sa prochaine édition. Sur le seul tome sorti en 2011, ce sont 3 823 des 9 680 mots définis qui sont

1. Dans l'article « Petite Poucette, la génération mutante », paru dans *Libération* en 2011.

nouveaux : « À ce rythme, nos successeurs seront très vite aussi loin de nous que nous le sommes du vieux français ! »

10. LE PRAGMATISME

Il n'y a pas de tentation du « grand soir » chez les Y. Pas plus chez les Indignés que chez les Occupy Wall Street, on ne voit de remise en cause fondamentale de la société. Pour la plupart d'entre ceux-là, il s'agit de demander l'équité et de s'indigner contre les abus des banques et des puissants. Même en Grèce, ce n'est pas le système en soi qui est contesté mais ses abus, qui conduisent les plus faibles à payer pour les fautes des plus puissants. Plutôt adeptes du centre politique, les Y attendent avant tout de leurs dirigeants qu'ils soient parfaitement honnêtes. Sans trop y croire. D'où leur refus de plus en plus apparent de la politique traditionnelle et leur intérêt pour d'autres formes d'action à portée immédiate.

11. LE MULTICULTURALISME

Des jeunes dont les parents sont issus du monde entier se mêlent de plus en plus dans les écoles et les lycées des pays occidentaux. L'invention rapide d'un langage nouveau vient aussi de la diversité d'origines de cette génération. S'il n'existe pas de statistiques ethniques en France, on sait qu'aux États-

Unis, les minorités hispaniques, asiatiques et noires seront majoritaires en 2050. À Londres, les Britanniques d'origine « européenne » seront bientôt minoritaires. L'*homo occidentalus Y* y est déjà habitué, lui qui a été élevé, au moins dans les grandes villes, entouré de jeunes de toutes origines. Multiculturel, il est aussi voyageur. Le monde est son jardin et toute une frange de la jeunesse ne se reconnaît plus dans les discours nationalistes.

12. LA CONSOMMATION

L'Y a une obsession : ne pas se faire avoir ! Découvrir après-coup qu'il a payé quoi que soit vingt centimes de plus – d'autant qu'il déteste payer – est un supplice pour lui. Il passe donc un temps fou à écumer les sites Internet – il consomme essentiellement sur la Toile, évidemment – pour trouver le bon plan qui lui permettra de partir à Ibiza ou de s'acheter une marque dégriffée à moitié prix. « Il ne calcule pas ce qu'il dépense mais ce qu'il a économisé », explique le responsable de l'un de ces sites qui soldent ce que les marques n'ont pu écouler en magasin. Mais il est aussi prêt à payer très cher ce qui lui paraît indispensable, et notamment des marques qui lui donnent un statut social. Enfin, il est aussi souvent un grand gaspilleur, capable d'acheter de manière compulsive.

13. LE PARTAGE

Internet est avant tout né pour mettre en commun des ressources informatiques alors rares. Cet esprit de partage irrigue encore le web et il est fondamental pour la génération Y. Adeptes de la colocation d'appartements, les Y le sont aussi de la location de voitures, du partage du coût des voyages, de l'achat groupé, du prêt des outils, voire des sacs de luxe[1]. Toutes choses rigoureusement impossibles sans l'Internet et qui deviennent subitement très faciles à organiser. Enfants de l'écologie et de la débrouillardise, les Y détestent en effet gâcher des ressources en immobilisant des produits pour une utilisation rare. À l'exception sans doute des vêtements. Dans vingt ans, combien d'habitants des grandes villes posséderont encore leur propre voiture ? De la même façon, Internet permet de se réunir pour produire en commun des disques ou des films. Le tout est de se retrouver par affinités.

14. LA COMMUNAUTÉ

Au-delà de la consommation ou de la production partagée, avoir 25 ans aujourd'hui, c'est jouir de la possibilité de se retrouver avec ceux qui vous ressemblent sur des sites Internet de plus en plus spécialisés. Musique, sports, littérature…,

1. Quelques sites à visiter : www.sacdeluxe.fr, www.colocation.fr, www.caisse-commune.com, www.groupon.fr

les rencontres communautaires ne sont l'apanage ni des religions, ni des rencontres amoureuses. Tout passionné peut rencontrer très facilement tous les autres passionnés d'un sujet dans le monde entier, en ouvrant ainsi toutes grandes les frontières à des communautés recomposées.

15. LE PROGRÈS

Technophile, la génération Y n'en a pas moins une attitude ambivalente vis-à-vis du progrès. Dans l'enquête menée fin 2011 par l'Institut Diderot sur « Les 18-25 ans et le progrès »[1], ils sont à la fois 71 % à estimer que « la science et la technologie apportent des solutions aux problèmes que nous rencontrons » et 80 % à considérer que nous en devenons trop dépendants. De même, s'ils plébiscitent les technologies, ils se détournent massivement des études scientifiques. En réalité, ils jugent le progrès différemment selon qu'il s'agit de leur sphère privée, où ils le plébiscitent, et de leur sphère publique, où ils s'en méfient. « Vive l'Iphone, à bas le nucléaire » ?

16. L'EXPOSITION

Vivant dans une société de l'image, le Y porte une attention de tous les instants à l'image qu'il donne de lui. Peu

1. Une enquête Ipsos que vous pouvez lire en intégralité sur son site www.institutdiderot.fr

importe qui il est vraiment, ce qui compte » c'est avant tout son apparence. Vestimentaire : dès l'école primaire, le jeune Y a commencé à apprendre qu'il ne peut pas s'habiller n'importe comment et qu'il lui faut adopter certaines marques « identitaires ». Physique, bien sûr, et, s'il est un homme, il sera souvent ce « metrosexuel » adepte des crèmes rajeunissantes et des spas – qu'on raille souvent. Virtuelle, surtout, et il saura à chaque instant peaufiner son profil Facebook et les expériences qu'il y livre. Réelle, enfin, et il prendra garde à ne jamais fâcher ni se fâcher vraiment avec personne. Il sait que son image est son patrimoine vital et que, comme une peau trop exposée au soleil, elle s'abime vite s'il l'expose trop.

17. L'ANONYMAT

Narcissique, le Y n'aime rien tant que l'anonymat d'un web, qui lui permet de s'exprimer sans dire qui il est. Ce n'est pas pour rien que le groupe d'activistes du Net le plus célèbre au monde a pris le nom d'Anonymous. Quel bonheur, de pouvoir déverser des injures sur les forums sociaux derrière un pseudonyme ! Quel confort, de pouvoir tester ces idées sans se mettre trop en avant sur le forum de ce journal ! Oui, mais il y a parfois bien peu d'espace entre expression et diffamation. Les tribunaux sont là pour le rappeler à ceux qui oublient qu'on peut retrouver leurs adresses IP[1]. Mais l'anonymat, c'est aussi du courage quand cela permet de lancer des

1. Le numéro IP (Internet Protocol) est un numéro d'identification attribué à chaque ordinateur sur le réseau.

luttes politiques sous des régimes dictatoriaux ou de passer outre des lois liberticides dans des démocraties. Afin de rendre hommage à tous ceux qui ont manifesté, de Tunis à Moscou en passant par New York ou Athènes, c'est bien un manifestant anonyme et masqué – « *the protester* » – qui est la personnalité de l'année 2011 pour *Time Magazine*[1].

18. L'AMBITION

Derrière son apparence *cool*, l'Y cache aussi une grande envie de diriger un monde qu'il pense comprendre mieux que les autres. S'il fait partie de cette « Super Génération Y », celle des très grandes écoles de management et des facs américaines qui ne se reconnaît plus dans un modèle français ou même européen, il va vite vouloir accéder au pouvoir. En s'en cachant, sûrement, car le Y déteste les arrivistes et préfère croire qu'il est là parce qu'il est simplement le meilleur. Ainsi, en apparence du moins, il n'écrase personne. Comme Marc Zuckerberg dans *The Social Network*, il est *cool*, abhorre les conflits mais sait s'imposer.

Son ambition, sa soif d'exister individuellement et son impatience rendent l'Y exigeant, voire intransigeant. Il n'oublie jamais qu'il doit survivre dans un monde difficile. Il peut donc se comporter de façon particulièrement dure envers ceux qui ne lui semblent pas à la hauteur. Il n'est pas miséricordieux dans sa sphère professionnelle. Pour lui, il faut être

1. www.time.com/time/person-of-the-year/2011

capable de s'adapter ou subir une précarité qui devient le problème de la puissance publique.

19. L'ATTENTION

Être Y, c'est aussi être attentif aux autres. De plus en plus de jeunes veulent consacrer une partie de leur cursus ou de leur vie à des activités caritatives. « Dans le cadre de leur cursus, nous en voyons beaucoup qui travaillent six mois ou un an dans une ONG », se félicite Olivier Aptel, directeur de l'ESC Rennes School of Business, amusé de constater que cela ne « les empêche pas d'adhérer à cent pour cent à l'économie de marché ». D'autres ont des activités caritatives en France. Même les meilleurs, comme ces élèves de l'École polytechnique : « Nos élèves s'impliquent beaucoup dans les actions que nous menons dans le cadre du programme "Une grande école, pourquoi pas moi ?", pour favoriser l'entrée dans l'enseignement supérieur de jeunes qui n'y auraient pas pensé sans nous », se réjouit Xavier Michel, directeur général de l'école. Tous veulent ainsi rendre un peu aux autres de la chance qu'ils ont eue d'intégrer les cursus les plus prestigieux et d'être promis à une belle vie.

20. L'IMPATIENCE

L'accélération du temps et la réduction des distances conduisent les Y dans une spirale d'impatience parfois totalement irraisonnable. Jeunes, ils zappent, téléchargent et regardent les épisodes de leur série préférée le plus vite possible et même si les conditions de visionnage sont dégradées. Ensuite, devenus adultes, ils veulent ainsi gagner vite et bien leur vie tout en ayant la possibilité de s'exprimer dans leur entreprise. Mais ont-ils vraiment le choix, tant la société leur demande d'agir vite pour rester dans ce qui est devenu une course de chaque instant ? Tout ce qui est fait n'est plus à faire...

21. LA RÉVOLTE

C'est l'un des apanages de la jeunesse : il faut se révolter. Mais on l'avait un peu oublié ces dernières années, avec des générations plus apathiques car tétanisées par la hantise du chômage. Les Y se vivent comme des acteurs majeurs d'une société dont ils veulent accompagner les mutations. Et rien ne les révolte plus que l'injustice. Réseaux sociaux et plates-formes de mise en ligne de vidéos sont précisément des moyens extraordinaires pour se faire entendre. Souvent avec un humour et un sens de la dérision qui font beaucoup plus mouche que les actions de type classique et autres pétitions. Mais ils n'ont pas non plus peur d'aller sur le terrain. Les hommes politiques le savent bien : quand les jeunes sont dans la rue, ils obtiennent presque toujours ce qu'ils veulent.

Chapitre 3

Génération désirée

Être un enfant Y, c'est d'abord être un enfant désiré. Dans les pays occidentaux, l'enfant Y possède cette différence essentielle avec toutes les générations précédentes d'avoir vu sa naissance programmée. Résultat, il est le plus souvent né dans une famille qui avait les moyens financiers de l'élever. Cette famille étant généralement peu nombreuse, il a pu être comblé de toutes les attentions. Si un divorce a pu détruire cet équilibre, il aura aussi souvent été propice à des négociations sans fin, souvent résolues au bénéfice de l'enfant. L'enfant-roi n'en deviendra pas moins un adulte comme les autres... Un passage le plus souvent difficile à vivre et auquel ses parents ne le préparent pas vraiment. La « génération désirée » devient alors une « génération angoissée ».

L'autorité, quelle autorité ?

Les différentes versions sorties en 2010 de *La Guerre des boutons* nous le rappellent utilement : même dans la France de 1912 – date à laquelle est sorti le livre de Louis Pergaud –, l'instituteur n'avait pas tous les pouvoirs ni les parents, tous les droits. Pour autant, ils en avaient un qui a heureusement totalement disparu : celui de délivrer des punitions corporelles. Le parent de l'après-guerre a dû apprendre à composer avec ses enfants et à toujours plus se légitimer, tandis que le modèle patriarcal d'autorité vivait ses derniers jours. Eux-mêmes fruits d'une éducation trop stricte, les soixante-huitards ont ensuite ouvert toutes grandes les vannes de la liberté à leurs propres enfants.

Dans ce qu'on appelle parfois une « démocratie familiale », tout se discute et les enfants donnent leur avis sur tout dans la ferme intention de l'imposer, notamment sur les destinations des vacances. Ils ne sont plus depuis longtemps des consommateurs passifs mais de véritables prescripteurs, voire les véritables « patrons » de la famille. Dans un sondage publié en 2011[1], 71 % des personnes interrogées estiment ainsi que le manque d'autorité est ce qui caractérise le plus les parents actuels (le stress arrive loin derrière, avec 40 %). Ils sont néanmoins 75 % à penser qu'il est plus difficile d'élever des enfants aujourd'hui, que cela ne l'était pour la génération précédente. Le pédagogue Philippe Meirieu commente ainsi ce phénomène[2] :

> Nous vivons, pour la première fois, dans une société où l'immense majorité des enfants qui viennent au monde sont des enfants désirés. Cela entraîne un renversement radical : jadis, la famille “faisait des enfants”, aujourd'hui, c'est l'enfant qui fait la famille. En venant combler notre désir, l'enfant a changé de

1. Étude « Qu'est ce qu'être parent en 2011 ? », publiée par *Enfants Magazine et Femmes actuelles*, menée par Ipsos et accessible sur son site www.ipsos.fr

2. Dans l'entretien croisé avec Marcel Gauchet publié par *Le Monde* en septembre 2011 et intitulé « Contre l'idéologie de la compétence, l'éducation doit apprendre à penser ».

statut et est devenu notre maître : nous ne pouvons rien lui refuser, au risque de devenir de “mauvais parents”.

Encore plus radical, le pédiatre Aldo Naouri estime que les parents sont devenus les « servants de leurs enfants ». Ces derniers sont « considérés comme des génies qui vont spontanément exprimer leurs potentialités. Cette idéologie permet de se faire aimer de ses enfants et ils grandissent avec l'idée que tout leur est dû » [1].

Mais attention à ne pas jeter l'Y avec l'eau du bain. Si cette idéologie éducative peut permettre à la fois le meilleur – la créativité – et le pire – l'absence de repères -, bien des familles arrivent aussi à un équilibre très profitable à leurs enfants. Élevé dans la liberté de pensée, l'Y adulte aura bien évidemment tendance à s'attaquer à tous les présupposés et aux autorités consacrées. Mais n'est-ce pas finalement une démarche particulièrement nécessaire dans un monde en mutation ? Si les parents Y des pays occidentaux laissent autant de liberté à leurs enfants, c'est aussi parce, consciemment ou pas, ils ne sont pas certains de posséder eux-mêmes les codes de l'avenir. Ils ne veulent donc pas prendre le risque de gâcher le potentiel de leurs enfants en leur inculquant trop de vérités dépassées. Les tensions de l'éducation ne sont alors que les reflets des tensions d'une société en plein questionnement sur elle-même.

1. « Les parents sont devenus les servants de leurs enfants » (*Le Figaro*, novembre 2011).

RÉUSSITE À L'ÉCOLE OBLIGATOIRE

Au temps de la coresponsabilité familiale, la seule vraie légitimité parentale reste d'assurer à sa descendance une certaine réussite scolaire. « Sans un bac + 5, tu ne feras rien dans la vie », répète à longueur de temps la société et là, le Y doit en convenir, ses parents peuvent au moins l'aider à s'organiser en lui imposant une certaine autorité. Résultat, la famille s'engouffre dans cet espace et pousse les enfants à la réussite jusqu'à la surdose. Qu'il s'agisse de cours de soutien ou d'activités, rien ne semble leur faire plus peur que des enfants qui s'ennuient. Pour nombre d'Y, la journée prend alors des airs de marathon ponctué par des cours de danse, de chant, de soutien, le tennis, la chorale, etc. Il ne faut pas s'étonner si, devenus plus grands, ces enfants qui ne se sont jamais ennuyés sont impatients et incapables de s'arrêter de discuter, de jouer ou de s'activer. À quand la réhabilitation de l'ennui ?

Cette obsession de la réussite de leurs enfants peut parfois se heurter à la société. C'est notamment le cas lors de la fermeture de classes, contre lesquelles les parents manifestent chaque année de plus en plus violemment. Cas extrême, on en a même vu, en décembre 2011, séquestrer des enseignants pour obtenir le départ d'un professeur qu'ils ne jugeaient pas « à la hauteur » dans une école privée catholique de Berre l'Étang. La disproportion entre les faits reprochés au jeune professeur stagiaire en CM1 – être un peu dilettante – et la violence d'une séquestration en a choqué plus d'un.

Comment des parents d'une école catholique sous contrat d'une petite ville du sud de la France peuvent-ils en arriver à retenir – toute une nuit ! – dans une école sa directrice, une secrétaire et trois institutrices pour la seule raison d'obtenir un meilleur professeur pour leurs enfants ? Comment peut-on en arriver à délivrer une telle violence envers le personnel enseignant ? Les enjeux de la réussite des enfants sont-ils devenus si vitaux, les parents si obsédés, qu'ils justifient de tels dérapages ? Réponse : oui et deux fois oui chez les parents qui mettent l'enfant dans une école catholique supposée permettre une meilleure réussite scolaire. Mais quelle violence également sur les enfants d'une génération quasiment obligée de réussir pour ne pas trahir l'investissement familial !

CONFLIT INTERDIT

Parfois extrêmement vindicatifs pour défendre leurs enfants en dehors de la sphère familiale, les parents contemporains se l'interdisent dans leur foyer. Le conflit semble littéralement banni des familles au profit de relations qui peuvent s'apparenter à une amitié en trompe l'œil. Parce qu'ils ont eux-mêmes détesté leurs parents pendant leur adolescence – avant de les aimer de nouveau plus tard, en général –, une grande majorité de parents veulent à tout prix éviter toute relation conflictuelle. Les experts de la Fondation Wyeth pour la santé de l'enfant et de l'adolescent notent ainsi que les adolescents critiquent le « délitement de l'autorité, parentale et scolaire » et demandent aux adultes « d'assumer leur rôle d'autorité » [1].

1. Dans une étude intitulée « Regards croisés adolescents/adultes », menée par Ipsos en 2010 et accessible sur son site www.ipsos.fr

Cette absence de règles claires est d'autant plus anxiogène qu'élevés par des parents qui travaillent tous les deux, le jeune Y va goûter à une grande autonomie dès le collège et se socialiser au sein de sa tribu d'amis. Loin de parents qui ne trouvent pas vraiment leur place dans cet environnement d'adolescents, il va se construire ses propres règles. « Les adultes confondraient-ils la demande – forte – d'autonomie des adolescents avec le refus de l'autorité ? », questionnent les experts de la Fondation Wyeth. L'autonomie de l'enfant et l'autorité des parents sont en réalité complémentaires : l'adolescent demande des bornes pour le protéger des conséquences potentiellement dangereuses de son autonomie. S'ils refusent de lui en donner, parce qu'elles génèrent souvent des conflits, les parents remplissent-ils leur rôle ?

Trop d'adolescents sont alors laissés dans un espace de non-droit et de non-dit dont ils ne sortent parfois qu'à l'occasion d'accidents ou de prise de conscience souvent brutale, de la part de leurs parents, de la dangerosité de leur attitude. L'adulte laxiste finit souvent par craquer face à son enfant. « On dit aujourd'hui qu'il y a du laxisme, et il y en a, mais on ne dit pas suffisamment que le corollaire inévitable du laxisme, ce sont les bouffées d'autoritarisme, qui génèrent le laxisme d'une manière parfaitement symétrique », souligne le pédagogue Philippe Meirieu[1]. C'est tout le paradoxe des jeunes Y : élevés dans un grand respect, ils ont parfois pu avoir le sentiment d'une injustice d'autant plus remarquée qu'elle s'inscrivait dans un quotidien ultra-protégé. Quand les parents craquent soudainement, les enfants trinquent

1. Dans une conférence donnée en mai 2010 et intitulée « Autorité et transmission : quels enjeux ? » qui est consultable sur le site www.meirieu.com

sans trop comprendre ce qu'il leur arrive. Devenus adultes, ils voudront absolument se protéger de ses retours de bâton dans l'entreprise et seront demandeurs de règles claires. Que l'entreprise aura autant de mal à leur donner qu'hier leurs parents…

Le culte du plaisir

À la valeur travail, les sociétés occidentales ont peu à peu substitué la valeur plaisir. Le travail n'est plus alors qu'un moyen nécessaire pour s'octroyer ces dits plaisirs. Interrogés en 2011 sur leurs priorités[1], les Français placent ainsi « se faire plaisir dans la vie » en troisième position (avec 41 % des réponses) – derrière « être en bonne santé » (61 % des réponses) et « heureux en amour » (45 %) – quand « réussir sa vie professionnelle » n'en recueille que 28 % et une poussive neuvième place.

Ces mêmes 25-49 ans estiment d'ailleurs à 60 % qu'ils se font plus plaisir que leurs parents. Ceux-ci ne sont d'ailleurs que 31 % à mettre cette notion de plaisir en avant, quand c'est le cas de 45 % des 15-24 ans. Et le plaisir a de l'avenir, si l'on en croit Ipsos, dont les experts notent que dans un « contexte de peur et de menace (énergie, réchauffement climatique…), les incertitudes liées à l'avenir de la société de consommation feront de la recherche du plaisir une priorité essentielle ». Alors, on souhaite bien du plaisir aux Y…

1. Par Ipsos pour NRJ Global, dans le cadre d'une enquête intitulée « Les 25-49 ans et le plaisir » (www.ipsos.fr).

DES FAMILLES QUI SE RECOMPOSENT

Cette crise de l'autorité est d'abord celle de l'autorité patriarcale. Le père ne peut plus depuis longtemps être cette autorité toute puissante, notamment parce que les femmes ont acquis leur indépendance financière. Comme le constate la sociologue Pascale Weil dans son livre *Tels pères... quels fils*[1], « l'autorité engage deux copilotes qui rivalisent souvent de séduction et où se substitue au modèle paternel celui de la mixité ». S'ils n'y prennent garde, les parents sont alors engagés dans une lutte plus ou moins consciente pour que leurs enfants les aiment à coup d'autorisations ou de petits cadeaux. Après tout, il faut aussi penser à un divorce éventuel, à la façon dont réagiront les enfants, dont ils prendront le parti de l'un ou de l'autre... Même pas encore recomposée, la vie de famille prend souvent des allures de campagne électorale permanente sur « qui sera le plus *cool* ».

L'idée du divorce de ses parents est bien au cœur de la vie de l'enfant Y. Élevé dans une grande agglomération, il a une chance sur deux d'avoir des parents divorcés. Qu'il souhaite plus ou moins consciemment ce divorce, notamment si ses parents ne s'entendent plus, ou qu'il le redoute, il est entouré d'enfants dont les parents ont déjà divorcé. Sans parler de ses grands-parents, oncles et tantes, amis, etc. Devant cette menace, la cellule familiale devient moins protectrice et nombreux sont les enfants à ressentir une certaine culpabilité en se jugeant responsables de la mésentente de

1. Pascale Weil, *Tels pères... quels fils*, Eyrolles, 2006.

leurs parents. Le divorce consommé, ils devront vivre une relation dans laquelle leur attachement aux deux parents est souvent mal vécu par l'un ou les deux, notamment celui qui s'est senti la victime dans le divorce. Autant de données qui risquent aussi de contrarier leurs parcours d'études. Tout cela confère à beaucoup d'Y une épine dorsale à la fois fragile – leur famille ne les a pas beaucoup protégés – et souple – ils ont bien dû s'adapter. Cette génération plébiscite d'ailleurs la fidélité dans le couple.

Après le divorce, apparaissent recompositions familiales et familles monoparentales. Dans le film *La boum*, Sophie Marceau vit avec deux parents mariés, même s'ils traversent une crise de couple. Vingt ans après dans *LOL*, elle est une mère divorcée et célibataire. Ballotté d'un foyer à l'autre, élevé dans des fratries recomposées, le Y aura vite su y négocier pour en profiter au mieux et... échapper à l'autorité. Quant aux familles monoparentales, quasiment toujours réduites à la mère et ses enfants, Pascale Weil remarque que « les enfants connaissent moins l'autorité car la mère au travail, rongée de culpabilité, a moins à cœur de faire de discipline ». L'absence d'autorité de l'adulte, on y revient toujours.

« TU DOIS T'ÉPANOUIR, MON ENFANT »

Parce qu'il a été désiré, assumé, l'enfant Y s'est clairement imposé comme le principal centre d'attention des familles et son plein épanouissement en est l'objectif ultime. Élevé dans des fratries réduites à deux ou trois enfants, il a toujours bénéficié d'une grande attention dont sa famille espère qu'elle sera pour lui une garantie de réussite dans la vie. Le philosophe Marcel Gauchet a ces mots[1] :

> Le bonheur idéal de la famille informelle, c'est le bonheur intime par la protection contre la société. La fiction psychologique, alimentée par une littérature nombreuse, est que l'enfant, une fois épanoui par devers lui-même, sera armé pour faire son chemin dans la vie.

Mais voilà : sans opposition, la construction de soi est difficile et, en voulant à tout prix être aimés de leurs enfants, en essayant de s'y opposer le moins possible, leurs parents ne leur rendent pas toujours service.

> L'entrée en possession de soi-même est perturbée par la manière dont l'enfant est précocement reconnu dans son individualité singulière. La reconnaissance de l'individualité joue contre la capacité de devenir individu,

regrette Marcel Gauchet. Comme si le soutien inconditionnel des parents à leurs enfants masquait souvent une sorte d'abandon prématuré. Les Y ont si souvent entendu : « Tu as raison », ou : « C'est génial, ce que tu fais », qu'ils en finissent par se dire : « C'est normal, qu'ils me disent ça, ce sont mes parents », et à chercher ailleurs la reconnaissance, d'abord et avant tout chez leurs pairs. Eux-mêmes sont en revanche souvent très durs les uns envers les autres. Comme si la socialisation passait forcément par un regard très critique – mais finalement constructif – sur soi-même. Si ce n'est pas celui des parents, ce sera celui d'amis qui s'arrogent peu à peu une

1. Dans son article « De "l'enfant du désir" à "la crise de l'individuation" : l'impossible entrée dans la vie » *Temps d'arrêt*, Bruxelles, 2008.

place de plus en plus prépondérante dans la vie adolescente. Après tout, peut-être détiennent-ils davantage les codes de l'avenir que leurs propres parents.

L'IMPOSSIBLE RECONNAISSANCE À L'ÂGE ADULTE ?

Élevée dans la liberté et la reconnaissance, la génération Y porte dans ses gènes cette double soif. Problème : la société n'est pas en phase avec la famille quand il s'agit de donner toute sa place aux Y. Et elle ne peut pas l'être, comme l'explique encore très bien Marcel Gauchet :

> Le soutien inconditionnel des familles d'aujourd'hui à l'égard de leurs rejetons va de pair avec une difficulté constitutive d'accepter la règle de base de la vie sociale qui est l'impersonnalité.

L'enfant-roi de la famille n'est déjà plus qu'un enfant parmi tant d'autres à l'école. D'où des frustrations parfois violentes face à un système bien souvent miroir d'un échec.

On ne compte plus les exemples de ces parents qui « pètent les plombs » quand leurs enfants sont stigmatisés par l'institution scolaire. La sanction donnée par l'école, qu'eux-mêmes n'osent pas donner, leur paraît une intolérable intrusion dans leur propre famille.

> Le processus d'individualisation, d'expansion de l'individu, autrefois réservé à des catégories marginales et privilégiées, s'étend à la société dans l'ère de "l'individualisme de masse" dans laquelle nous vivons,

souligne de son côté le sociologue Paul Yonnet[1]. La reconnaissance tant demandée devient peu à peu le problème de l'entreprise et de la société. Uniques pour leurs parents, les Y le sont forcément beaucoup moins dans leur environnement scolaire et encore moins dans l'entreprise. Ils en souffrent et essaient constamment de sortir du carcan pour se faire remarquer comme des individus uniques. Quitte à exaspérer des anciens, qui se sentent beaucoup plus membres d'un groupe et parviennent mieux à taire leur individualité. On est bien là dans le « quart d'heure de gloire » dont parlait Andy Warhol.

ÉTERNELS ADOLESCENTS ?

Très tôt considéré comme un individu à part entière, le jeune Y n'en vit pas moins dans une société où les processus d'apprentissage deviennent de plus en plus longs. Il est très loin, le temps où le bac était un sésame pour un travail et aujourd'hui, c'est à un bac + 5, un master, que les familles aspirent pour leurs enfants. On a parfois le sentiment d'avoir affaire à une immense « génération Tanguy ». Comme dans le film homonyme d'Étienne Chatiliez, certains parents craquent parfois. Moins d'ailleurs en France qu'en Italie et surtout qu'en Espagne, où l'on a vu en 2011 des parents peu aisés obtenir d'un tribunal que leur fils étudiant soit expulsé de chez eux.

1. Dans le document « 1954-2004 : d'une modernité à l'autre », publié par le Forum Modernités en 2004 (www.forum-modernites.org)

Sans aller jusqu'à ces extrémités Paul Yonnet décrit un adolescent qui a du mal à se décider : « L'adolescent ne répugne pas naturellement au choix : il est structurellement mis dans une position l'amenant à différer ses choix ». Il vit selon lui dans un « interminable no man's land » entre enfance et âge adulte. Il devient parfois ce qu'on appelle un « adulescent », un adulte encore dans un questionnement adolescent. Un modèle que la société ne rejette pas, selon le sociologue, lequel voit même naître un modèle où l'on « n'en finirait jamais de grandir » et où la fin de l'adolescence se situerait « plus près de 35 ans que de 21 ».

Le temps de l'adolescence prend du temps parce qu'on est passé d'un modèle de l'identification – on répète ce que nos pères ont appris – à un modèle de l'expérimentation, selon la formule de l'un des meilleurs spécialistes de la jeunesse, Olivier Galland, auteur de *Sociologie de la jeunesse*[1] :

> La définition de soi se construit plus qu'elle n'est héritée. Elle se construit au gré d'un processus itératif, fait d'essais et d'erreurs, jusqu'à parvenir à une définition de soi satisfaisante.

Et le sociologue d'insister :

> Fondamentalement, cette phase d'expérimentation de plus en plus longue explique la prolongation de la jeunesse et sa formation comme un nouvel âge de la vie.

1. Olivier Galland, *Sociologie de la jeunesse*, Armand Colin, 2011.

UN ÂGE ADULTE TROP DIFFICILE À VIVRE ?

Si le jeune Y expérimente, c'est aussi parce qu'il veut à la fois être sûr de ses choix et bien armé pour les défendre. Tout se passe comme si la société occidentale se voyait comme tellement complexe et difficile – qui plus est, en mutation – qu'elle tentait de retarder le plus possible le moment où le jeune devait y entrer. Dans un entretien publié par le Forum Modernités en 2004[1], le philosophe Edgar Morin constatait ainsi que c'est « l'adolescence qui s'affronte le plus au malaise parce que, de leur côté, les adultes sont résignés et que pour surmonter ces problèmes, ils auront recours aux tranquillisants, somnifères, Prozac, etc. ».

Les experts de la Fondation Wyeth pointent cette immense angoisse des parents en constatant que « l'avenir est au cœur de la relation quotidienne entre les adolescents et les adultes », et de citer cette collégienne qui constate que les parents « déversent leur stress sur nous ». Résultat, notent-ils encore, « ce discours d'inquiétude déjà omniprésent dans les médias et parfois dans le quotidien familial devient un élément pilier de la relation adolescent/adulte ». « Tu ne vas pas y arriver », « Tu ne te rends pas compte comme le monde est dur », etc. : le jeune Y est constamment soumis au stress de ses parents – et de ses professeurs –, qui lui renvoient une image très négative de l'âge adulte. « Les adultes s'irritent de ne pas voir leur inquiétude mobiliser plus les adolescents. Ils leur reprochent de ne pas se projeter dans l'avenir », lit-on encore

1. *In* « 1954-2004 : d'une modernité à l'autre », collectif, *op. cit.*.

dans cette étude, qui stigmatise des « adultes qui sont aujourd'hui les moins à l'aise avec l'adolescence de leurs enfants parce que très – trop ? – inquiets ».

Sans parler des professeurs. « Depuis la troisième, ils nous saoulent, à nous dire qu'on est nuls, qu'on n'y arrivera jamais, qu'on sera chômeurs toute notre vie », se souviennent ces pourtant bons élèves qui ont heureusement pris le parti de relativiser ce qu'on leur assénait à longueur de cours. Demander à ses enfants ou à ses élèves de se projeter dans un avenir qu'on leur présente comme une épreuve n'est certainement pas le meilleur moyen de leur donner envie de s'y projeter rapidement ou sereinement.

LARGUER PEU À PEU LES AMARRES

« Se projeter dans l'avenir mode *crash*, non merci », semblent donc répondre à leurs parents des Y qui prennent leur temps pour s'orienter, trouver un travail puis fonder une famille... Pas facile ! De tous temps, au reste. En 1991, Douglas Coupland était dans le même état d'esprit dans son livre *Génération X*[1], quand il évoquait la « crise des vingt-cinq ans » et la définissait comme la « phase d'effondrement mental qui survient entre vingt-cinq et trente ans, souvent provoquée par l'inaptitude à fonctionner hors de l'école ou de tout environnement structuré, couplée avec la révélation de la solitude ontologique de chacun dans ce monde. Coïncide souvent avec l'installation dans le rituel médicamenteux ».

1. Douglas Coupland, *Génération X*, Paris, 10-18, 1991.

La Génération Y

Tranquillisants, somnifères, Prozac, on y revient ! La « génération désirée » par ses parents se demande soudain si elle est vraiment désirée par la société. Aimée, adulée, stressée dans sa famille, elle se retrouve un peu larguée dans un grand bain où rien n'est acquis. Un boulot en CDD ou en intérim est souvent suivi d'une période de chômage. Si l'on ajoute à cela la difficulté de quitter le logement familial suite à l'explosion du montant des loyers dans les grandes villes, l'entrée dans la vie adulte se fait souvent sous la forme d'aller-retour entre le domicile et un logement à soi.

Et si logement à soi il y a, il est souvent partagé. Avec la montée en puissance de la colocation, le jeune adulte remplace ainsi sa vie familiale par une vie amicale. Là encore, la culture des pairs est prégnante et permet de passer peu à peu de comportements enfantins – « Je laisse tout en vrac, les darons ramasseront » – à un vrai sens des responsabilités par le poids de la communauté. Comme tous les jeunes de toutes les générations, le Y largue ainsi peu à peu les amarres. Mais ce « peu à peu » dure de plus en plus longtemps. L'âge moyen du premier enfant n'en finit pas de reculer et dépasse maintenant les 28 ans. Une femme diplômée attendra elle-même d'avoir 30 ans, le temps nécessaire pour atteindre une certaine stabilité et se séparer peu à peu de sa famille.

CHAPITRE 4

Génération angoissée

« Nos parents s'en sortaient mieux. » En 1991, le titre du deuxième chapitre du livre *Génération X*[1] posait l'un des fondamentaux des générations post-baby-boom de l'après-guerre : c'était mieux avant ! Et pour une fois, il faut bien admettre que c'est vrai. Peu de générations dans l'histoire ont pu se sentir aussi gâtés que les jeunes adultes américains ou européens des années 1960. Prospérité économique, acquisition d'une véritable identité « jeune » qu'on leur refusait jusque-là, libération sexuelle, ils ont su conquérir des espaces de liberté qui leur avaient toujours été refusés. Mais les X ne s'en sont finalement pas si mal sortis, eux que l'on voyait comme une génération sacrifiée.

Les Y, eux, sont de plus en plus conscients qu'ils risquent de payer les pots cassés des générations précédentes. Dans un article très lu par les recruteurs américains, le site de recherche d'emploi Career Builder[2] explique que la génération Y est une « génération dont le comportement et la vision du monde est dominé par deux facteurs qui les tirent dans des directions différentes : la technologie et l'anxiété ». La

1. Douglas Coupland, *Génération X*, *op. cit.*
2. « Unique Generation Y Working Styles » (www.careerbuilder.com)

première peut-elle vaincre la seconde ? Comment redéfinir le « vivre ensemble » dans une société virtuelle, morcelée, mondialisée ?

GÉNÉRATION SACRIFIÉE ?

Aux États-Unis, l'idée que les Y seraient une génération sacrifiée entre dans les esprits à tel point que certains les appellent les *baby losers* (« bébés perdants », en référence aux baby boomers). « Nos choix ont toujours avantagé les adultes en négligeant la jeunesse. D'autres choix ont été faits dans le reste de l'Europe. » Ancien président de la Commission européenne, Jacques Delors[1] est bien placé pour le dire : la France néglige sa jeunesse. Un constat qui rejoint celui d'Olivier Ferrand, président du *think tank* Terra nova[2] quand il explique :

> Depuis trente ans, face à la crise, les jeunes sont la variable d'ajustement d'une société qui protège ses acquis au détriment des nouveaux entrants. Toutes les grandes politiques publiques – éducation, logement, politique sociale, politique fiscale – discriminent les jeunes générations. Si nous voulons redonner un avenir à notre société, il y a urgence à effacer ces inégalités intergénérationnelles, que nous avons créées.

1. Lors d'une table ronde intitulée « Les jeunes et l'Europe. L'Europe des jeunes, nouvelle jeunesse de l'Europe ? », Institut catholique de Paris, novembre 2011.
2. Dans la tribune « Investir dans notre jeunesse », rédigée avec Guillaume Allègre et publiée dans *Le Monde* en novembre 2010 (à lire sur www.tnova.fr)

En 2006, dans son livre Le Papy-krach[1], l'économiste Bernard Spitz parlait même de la « plus incroyable spoliation générationnelle de notre histoire » en dressant le portrait d'une génération qui allait devoir se serrer la ceinture pour rembourser les dettes de la précédente. Or, les Y sont d'autant plus fragiles que leur accès au marché de l'emploi est souvent long et difficile. Comment leur demander d'assurer les fins de mois de générations qui ont connu le premier emploi et des retraites décentes quand eux-mêmes se demandent s'ils en toucheront une ? Il faudrait déjà leur donner du travail ! La « réduction du chômage et la lutte contre la précarité de l'emploi » est le principal défi que doit relever la France, selon une enquête menée fin 2011 auprès de 18-25 ans[2]. Sinon, ne comptez pas sur eux…

QUE DE DÉFIS !

Le jeune Français ou Américain des années 2010 sait qu'il va devoir faire face à une avalanche de problèmes qu'ont soigneusement évité de prendre en compte ses parents et grands-parents. Le plus apparent est le déclin annoncé des économies occidentales face à celles des pays émergents. Mais il doit aussi penser au réchauffement climatique, aux dangers du nucléaire, aux nouvelles maladies, à un monde de bientôt 9 milliards d'habitants qu'il faut réussir à nourrir, etc. Des

1. Bernard Spitz, Le Papy-krach, Grasset, 2006.
2. « Les 18-25 ans et le progrès », enquête Ipsos pour l'Institut Diderot, à lire en intégralité sur le site www.institutdiderot.fr

adultes de 40 ans et plus peuvent-ils sérieusement leur dire : « Désolé, on vous lègue plein de problèmes mais, bonne nouvelle, vous allez pouvoir pleinement exercer vos talents pour les résoudre » ? C'est à la fois totalement indécent et totalement réaliste.

Nos Y occidentaux sont face à ce challenge : pour simplement maintenir leurs positions face aux pays émergents, il va leur falloir faire preuve d'une immense créativité et d'une grande volonté. Comme le dit la Reine rouge à Alice dans *De l'autre côté du miroir*, l'autre chef d'œuvre de Lewis Caroll : « Ici, il faut courir le plus vite possible pour rester sur place ! » Or, cet amoncellement de problèmes, le jeune Y n'est guère préparé à les affronter. Ses parents et grands-parents ayant – presque – tout obtenu, il a souvent vécu une enfance et une adolescence de rêve. Depuis plus de cinquante ans, nous vivons en paix, sans catastrophes naturelles ni épidémies. Même si le sida reste une angoisse, la plupart des grandes maladies ont été vaincues. S'il a vu des guerres autour de lui, elles lui paraissent très lointaines ; d'ailleurs, n'a-t-on pas supprimé le service militaire ? Pour peu qu'il fasse partie des catégories sociales moyennes à aisées, il a pu voyager, s'épanouir et consommer jusqu'à l'abrutissement. Mais il a pu aussi souffrir matériellement, en particulier s'il a vécu dans une famille monoparentale. Dans tous les cas, quand on lui parle de « sang et de larmes » pour les années à venir, il a tendance à s'indigner, ou même à s'expatrier sous des cieux plus propices s'il le peut. Sans être résigné, il sait qu'il vivra un âge adulte loin des félicités de son enfance. Reste à être certain que les règles du jeu seront les mêmes pour tous. Sinon, la révolte peut gronder !

Concours de l'ENA : génération « conformisme » ?

Si les entreprises reprochent souvent à leurs jeunes recrues de ne pas respecter les codes vestimentaires traditionnels, le moins qu'on puisse dire est que les candidats au concours d'entrée à l'École nationale d'administration ne commettent pas le même impair. La présidente du jury du concours de l'ENA 2010, Michèle Pappalardo, le leur reproche même dans son rapport[1] :

> Cela donne le sentiment que les candidats ont une image de l'école et de la fonction publique très conformiste à l'image de cet "uniforme" qu'ils se sont efforcés d'endosser pour plaire au jury ou, à tout le moins, pour éviter de lui déplaire ; à l'inverse, nous étions à la recherche d'éléments qui auraient pu nous donner des indices sur leur capacité à se distinguer par un style, un peu d'originalité, de "prise de risque".

Pour autant, note-t-elle encore :

> Ceux que j'ai signalés ci-dessus sont presque tous admis, pas tant pour leur tenue que parce qu'elle était en phase avec un certain tempérament, une capacité à s'affirmer dans l'échange avec le jury.

Ouf, on peut tenter et réussir le concours de l'ENA dans un tailleur de votre mère ou un vieux costume de votre oncle...

Ce conformisme, note le jury, se retrouve dans un refus de « prendre position, de donner un avis ou de faire des propositions » d'autant plus préjudiciable que le jury voulait

1. On peut lire en intégralité ce rapport sur le site de l'école à l'adresse www.ena.fr/index.php ?/fr/formation/initiale/Concours-d-entree/lectures-utiles-textes-officiels#rapport

sélectionner des candidats qui auront à « s'adapter à une administration "en mouvement", en phase avec les évolutions du monde. » Et de conclure :

> Il ne s'agit plus d'entrer "dans un moule" mais au contraire de convaincre que l'on va pouvoir créer une nouvelle manière de faire vivre le service public de demain.

Des carences qu'on retrouve encore plus lors d'oraux où les candidats « ne savaient pas, soit ne voulaient pas argumenter et défendre leur position et étaient donc tout à fait prêts à en changer dès qu'un contre-argument leur était présenté ». Une absence de « courage » ou de « force d'âme » qui a eu un « impact souvent déterminant sur la note de l'oral d'entretien ». Oui, mais la génération Y sait aussi être prudente. Elle a suffisamment vu souvent changer d'avis ses parents et professeurs pour ne pas risquer de s'engager trop vite !

UN AVENIR COMPROMIS EN FRANCE ?

62 % des 18-25 ans pensent que les générations futures vivront moins bien qu'eux. C'est l'un des résultats-choc d'une enquête menée fin 2011 par l'Institut Diderot[1] dans laquelle 68 % pensent que la situation économique de la France va se dégrader dans les dix ans à venir. « Nous sommes une génération sacrifiée. Nos parents ont vécu les "trente glorieuses", nous allons vivre les "dix pourries" », s'insurge Fabrice, un

1. « Les 18-25 ans et le progrès », enquête Ipsos pour l'Institut Diderot, à lire en intégralité sur le site www.institutdiderot.fr

étudiant d'une bonne école de commerce, l'ESC Rennes School of Business. Ses camarades ne sont guère plus optimistes : « On se dit juste qu'on devrait s'en sortir mieux que les autres grâce à notre diplôme. Et surtout parce que nous avons la capacité à aller travailler à l'étranger en maîtrisant plusieurs langues ».

Près d'un tiers de la dernière promotion de l'ESC Rennes School of Business est partie travailler à l'étranger. Cela tient au positionnement très international de l'école, mais aussi à la volonté de plus en plus marquée des jeunes Français de quitter une France jugée bien morne. Dans l'enquête menée par l'Institut Diderot, 57 % des jeunes pensent que l'économie de la France est en retard. Tout le paradoxe est alors qu'ils sont plutôt optimistes sur leur avenir personnel (71 % pensent qu'ils vont s'épanouir et 54 % sont confiants pour leur avenir professionnel). Optimistes en dedans, pessimistes au dehors. Confiants en eux, mais pleines de défiance envers la société dans laquelle ils vivent.

Y occidentaux contre Y émergents ?

Les Y du monde entier ont de très nombreux points en commun mais ne sont pas pour autant identiques. D'un pays à l'autre, les différences peuvent même être considérables, avec une jeunesse optimiste dans les pays émergents et beaucoup moins dans les pays occidentaux, selon l'étude sur la « Jeunesse du monde » menée en 2010 par la Fondation pour l'innovation politique[1]. « Les sociétés payent toujours chèrement leur désintérêt pour la jeunesse », commente Dominique

1.

Reynié, directeur de la fondation. « En France, presque partout en Europe mais aussi dans le monde occidental, un malaise s'est installé entre les générations. Entre les jeunes et leurs aînés, les contentieux se multiplient, ouvrant le risque de querelles de plus en plus vives, notamment à propos des retraites ou de la pression fiscale. »

Des Chinois optimistes. Heureusement, tous les jeunes ayant participé à l'étude disent croire que leur avenir personnel est prometteur (70 %), avec en pointe de l'optimisme les Brésiliens (87 %) et les Indiens (90 %). Mais quand on les interroge sur l'avenir de leur pays, ils ne sont plus que 44 % à le trouver prometteur. Là encore, les plus optimistes sont les Brésiliens (72 %) mais dépassés par les Chinois (82 %) et les Indiens (83 %).

On ne s'en étonnera guère, les Chinois sont ceux qui adhèrent le plus à la globalisation : 91 % d'entre eux y voient une chance (contre 71 % des Américains et 65 % des Européens). Sans surprise non plus, les Grecs sont les moins enthousiastes sur le sujet avec 50 % qui voient en elle une menace. Les Français sont parmi les quatre pays les moins enthousiastes sur le sujet. À pratiquement tous les items examinés, les Chinois se caractérisent par leur optimisme :

– 85 % se disent certains d'avoir un bon travail dans l'avenir (contre 76 % pour les Américains) ;

– 57% sont fiers des riches de leur pays (contre 31 % des Américains) ;

– 64 % veulent « gagner beaucoup d'argent » quand on les interroge sur ce qu'ils souhaitent le plus accomplir dans les quinze prochaines années (contre 53 % chez les Américains) ;

– 40 % veulent créer une entreprise (contre 17 % chez les Américains).

Mais ils sont aussi les plus préoccupés par la pollution (51 %, contre 29 % des Américains) et les seuls – avec les Canadiens – à placer cette menace en tête de leurs inquiétudes.

Très souvent enfants uniques, ils se distinguent enfin quand ils déclarent faire toujours ce qu'ils veulent (à 81 % contre 52 % des Américains) ou estiment pouvoir décider eux-mêmes de leur vie (83 %).

Des Français pessimistes. Les jeunes Français se caractérisent au contraire par leur pessimisme. En tout cas pas sur leur situation, dont ils se disent satisfaits à 83 %, juste dépassés en cela en Europe par les Polonais (85 %). Pessimistes, les Français ? Oui, quand on parle de la situation de la France qu'ils sont 71 % à trouver insatisfaisante. Un pessimisme qu'on retrouve d'ailleurs partout en Europe, avec une moyenne de 69 % d'insatisfaction. Mais ils ne sont que :

– 47 % à se dire satisfaits de l'époque dans laquelle ils vivent (pour 55 % des jeunes Européens) ;

– 53 % à juger leur avenir personnel prometteur (61 % pour la jeunesse européenne) ;

– 75 % à répondre que l'avenir de leur pays n'est pas prometteur ;

– 49 % à se dire « certains d'avoir un bon travail dans l'avenir » (65 % en Europe !).

• La Fondation pour l'innovation politique est un think tank qui se définit comme « libéral, progressiste et européen ». Pour mener cette étude, TNS Opinion a interrogé 32 714 personnes dans le monde sur la base d'échantillons nationaux comprenant chacun 1 000 individus âgés de 16 à 29 ans.

ACCORDER SA CONFIANCE, BOF...

« Les balles allemandes ne sont pas dangereuses : elles traversent les chairs de part en part sans faire aucune déchirure. » Qui écrit cela ? Un journaliste de *L'Intransigeant*, grand quotidien du début du XXe siècle, le 17 août 1914. La guerre vient de commencer depuis trois semaines et les premières statistiques donnent le vertige : l'armée française dénombre alors chaque jour plus de 20 000 morts. 20 000 jeunes de 18 à 30 ans sacrifiés chaque jour sur l'autel d'une guerre de mouvement. Presque cent ans plus tard, ces mêmes jeunes ont eu tout le temps de comprendre que ce qu'on leur racontait était souvent faux et qu'ils étaient trop souvent les grands sacrifiés des mensonges de leurs aînés.

Le succès d'une série américaine comme *Lie to Me*, qui raconte les histoires d'un docteur ès mensonge, le Dr Lightman, n'est pas anecdotique. La génération Y se passionne pour le mensonge et ses manifestations. Si vous vous frottez le bout du nez tout en parlant, gare à vous, le Dr Lightman a bien expliqué que c'était un signe de mensonge et le jeune qui n'a pas raté un seul épisode risque de l'interpréter comme tel... Si vous détournez le regard quand il vous interroge, vous êtes fichu. Cela dit, si vous le regardez fixement également...

Les Y se méfient notamment de la publicité. « Bombardés de publicités depuis leur plus tendre enfance, ils jettent un regard particulièrement acéré sur tout discours commercial ou politique destiné à les appâter », notent des experts québécois [1]

1. Dans « Les "C" en tant que citoyens » publié par l'organisme québécois

qui incitent entreprises et partis politiques à laisser les jeunes venir vers elles, plutôt que le contraire :

> Au lieu de les inviter à visiter son site web à l'aide de communiqués ou de publicités conventionnelles (une tactique qui sera souvent infructueuse), une organisation pourra gagner à faire jouer le marketing viral sur YouTube, Facebook ou ailleurs.

QU'EN PENSENT LES AUTRES Y ?

Plus que toutes les autres générations, le Y a besoin de se rassurer en se rapprochant de ses coreligionnaires générationnels. Se méfiant de ces générations précédentes qui semblent leur léguer tous leurs problèmes, les jeunes Y ont tendance à ne faire confiance qu'aux autres Y dans une culture du *peer to peer* (pair à pair) exacerbée. Eux seuls peuvent comprendre ce que c'est, d'être un enfant du désir vivant dans une société hyperconnectée et multiculturelle...

> La culture de ses pairs prime sur tout le reste et les adultes sont rejetés. Certes, c'est le cas de toutes les générations mais aujourd'hui, les plus jeunes sont connectés en réseau à cent pour cent de leur temps,

commente la sociologue Monique Dagnaud[1].

spécialisé dans les technologies de l'information CEFRIO et téléchargeable sur son site www.cefrio.qc.ca.

1. Dans Monique Dagnaud, *Génération Y. Les jeunes et les réseaux sociaux, de la dérision à la subversion*, Presses de Sciences-Po, 2011.

À force de ne jamais discuter ensemble, de ne pas vouloir débattre, d'écourter des dîners sur le modèle « chacun son plat, chacun son histoire » qui ressemblent de plus en plus à un self service, le lien familial s'est délité. On est passé de « l'autorité des pères à celle des pairs », fait remarquer la sociologue Pascale Weil dans son livre *Tels pères... quels fils*[1], où elle décrit une société où « la crédibilité n'est plus associée à la forme de l'information descendante, mais horizontale des connexions entre pairs ». De son côté, Olivier Galland[2] note :

> L'identité de l'adolescent est aujourd'hui définie par un cercle d'amis. L'adolescence est avant tout relationnelle. [...] Le but essentiel des activités est d'atteindre une forme de communion affective.

Entre pairs. Loin de pères – et de mères – de plus en plus regardés avec condescendance sur le mode : « Ils n'ont même pas tort : de toute façon, ils ne comprennent rien ».

ADEPTE DES THÉORIES DU COMPLOT

Un peu comme la génération de l'après-guerre a refusé de se couler dans le moule d'un monde qui n'avait su conduire qu'aux massacres, la génération Y refuse les mensonges d'un monde dont elle sent bien les limites. Pollution, marché du travail saturé, mensonges d'État... : elle n'accepte pas les véri-

1. Pascale Weil, *Tels pères... quels fils*, *op. cit.*
2. Dans *Sociologie de la jeunesse*, *op. cit.*

tés acquises ou les discours définitifs. Ce n'est sans doute pas un hasard si les Y sont particulièrement attirés par les théories du complot : 20 % des 15-24 ans interrogés en 2008[1] pensaient que les attentats du 11 septembre étaient « le fait des États-Unis eux-mêmes », quasiment le double de la moyenne des Français.

Un comportement extrême, certes, mais qui caractérise une génération qui n'a fondamentalement pas confiance. D'autant qu'elle imagine être mieux au courant que tous les autres grâce à son addiction au web. Pourquoi l'en blâmer, quand une guerre peut être lancée à partir d'informations manifestations fausses ? Quand décideurs politiques et économiques ne savent que se battre la coulpe sur leurs erreurs passées ? Quand la merveilleuse société qui les a vu naître s'enfonce au même rythme que les océans s'élèvent ? Oui, mais beaucoup ne croient pas au réchauffement climatique...

Les élites ne sont plus ce qu'elles étaient

Chaque année, l'École des Mines ParisTech publie un « Classement international des établissements d'enseignement supérieur »[2]. Une méthodologie proche a d'ailleurs été employée par le magazine *Challenges*[3] pour la seule France en regardant

1. Sondage Sofres Logica pour le site nouvelobs.com

2. Il est fondé sur leur capacité à former des dirigeants de haut niveau en retenant comme critère exclusif le nombre d'anciens élèves occupant le poste de n° 1 exécutif (*chief executive officer* ou équivalent). Il s'appuie sur le classement des 500 plus grandes entreprises internationales « Fortune Global 500 » établi par le magazine *Fortune* en 2010 à partir du chiffre d'affaires publié par les entreprises mondiales. À retrouver sur www.mines-paristech.fr

3. www.challenges.fr/monde/20101027.CHA1535/le-classement-des-ecoles-de-l-elite.html

d'où venaient les personnalités répertoriées dans le *Who's Who*, Ces approches sont controversées car jugées élitiste et donnant la part trop belle aux grandes écoles. Pour autant, il faut reconnaître que les critères retenus sont justes et certaines conclusions, intéressantes. Ainsi, une école s'impose : HEC, qui est même la quatrième institution d'enseignement supérieur mondiale selon le classement des Mines.

Dans *Challenges*, Anne-Marie Rocco note que si « sur la douzaine de grandes écoles qui forment les futurs dirigeants, le trio de tête (ENA, Polytechnique HEC) n'a pas changé en dix ans [...], HEC a presque doublé le nombre de ses diplômés figurant dans la bible de l'*establishment*. Les autres écoles de commerce progressent aussi ». À un *establishment* resté longtemps l'apanage des ingénieurs et des hauts fonctionnaires, a succédé celui des gestionnaires et des financiers, en particulier parce que les écoles de commerce et de management ont pris le virage de la mondialisation plus rapidement que les écoles d'ingénieurs.

De plus, les grandes écoles recrutent en moyenne plus de la moitié de leurs étudiants en dehors des prépas ouvrant ainsi leurs portes à des profils plus variés. « Qu'ils aient fait des études d'anthropologie ou un BTS d'opticien, tous les types d'étudiants peuvent postuler chez nous car les entreprises nous demandent de la diversité », assure Jean-François Fiorina, président du concours d'admissions parallèles Passerelle et directeur de l'ESC Grenoble, où un tiers des élèves proviennent des admissions parallèles. « Dans les écoles d'ingénieurs, ils représentent un quart des effectifs, la moitié venant toujours de prépa' et le dernier quart des écoles post-bac », commente de son côté Alain Jeneveau, responsable du groupe formation de la Commission des titres d'ingénieur (CTI).

LES SCIENCES, NON MERCI !

C'est l'une des énigmes les plus déroutantes de notre temps. Dans un univers massivement délégué aux sciences et où ne saurions plus faire deux pas dans la rue sans téléphone portable, GPS ou Ipad, les jeunes générations se désintéressent des sciences. Le résultat : si les écoles d'ingénieurs peinent à recruter, c'est la grande misère dans les cursus scientifiques des universités, avec des baisses en vingt ans de 30 à 50 % de leurs effectifs selon les filières. « C'est terrible, alors que la science est la seule réponse aux problèmes à venir », regrette Alain Bravo, directeur de Supélec, l'une des plus grandes écoles d'ingénieurs françaises. « Parce que nous sommes entrés dans une civilisation d'objets indispensables qu'on ne comprend pas, nous glosons sur un monde qui serait devenu celui des services, reprend Alain Bravo. Mais dans les faits, nous devons de plus en plus tous appréhender les technologies pour comprendre notre environnement. Pensez aux traders : 90 % de leur travail est de comprendre les algorithmes qui gèrent aujourd'hui les bourses du monde entier. » Un problème qu'Éric Maurincomme, directeur de l'INSA Lyon, relie à un « vrai déficit d'image » :

> Aujourd'hui, le management est largement mis en avant au détriment des sciences. Nous formons des ingénieurs qui le seront parfois jamais. Qu'on s'intéresse au management, d'accord, mais après avoir au moins utilisé pendant huit ans les techniques qu'on a apprises.

Alain Biausser[1], directeur de l'École centrale de Paris, regrette également la méconnaissance totale qu'en ont les élèves des lycées des filières scientifiques : « Les scientifiques sont soit identifiés comme de grandes figures inaccessibles, soit comme des rêveurs ou des exécutants qui n'ont pas leur mot à dire. Comme si la main était entièrement passée à la finance et le passage par les sciences n'était plus un facteur de réussite. Enfin, la science est questionnée en elle-même, particulièrement en France. Le progrès technologique apporte-t-il le progrès tout court ? » Mais lui aussi est optimiste : « Nous n'avons jamais eu autant de problèmes à résoudre et seule la science peut le faire ». Oui, mais que répondre à ceux qui disent que ce sont précisément les sciences qui ont provoqué les problèmes qu'on leur demande de résoudre aujourd'hui ? C'est un peu l'histoire du pompier pyromane…

UN RETOUR DE LA RELIGION ?

A contrario d'une science dont ils se méfient, dans une culture européenne pourtant de plus en plus marquée par l'absence de religion, nombreux sont aujourd'hui les jeunes à retourner vers les valeurs qu'elles propagent. Chrétiens, juifs ou musulmans, ils sont à la recherche de certitudes et rejettent un athéisme qu'ils rendent souvent responsable de tous les maux. Mais peut-on pour autant parler de retour des religions ? On se retrouve plutôt face à un retour de la spiritua-

1. Les citations d'Hervé Biausser sont issues d'un entretien mené par Olivier Rollot et publié dans « Le guide des grandes écoles » du *Monde*, 2010.

lité, comme le souligne le sociologue Olivier Galland dans un entretien au journal du CNRS[1] :

> Chez les garçons et filles d'aujourd'hui, les symboles religieux sont de plus en plus choisis parmi un stock de croyances, de propositions religieuses extrêmement variées. Ils puisent chacun dans ces propositions diverses pour se construire en quelque sorte une religion « à la carte », où ils espèrent trouver des réponses aux interrogations fondamentales sur l'au-delà et sur la signification de leur place dans le monde. La religion représente à leurs yeux une force et un réconfort. Jusqu'où ces pratiques sont-elles religieuses ?

Olivier Galland note également le besoin qu'éprouvent les jeunes de partager, non pas avec des inconnus mais avec leurs amis. D'où le succès des Journées mondiales de la jeunesse organisées par l'Église catholique à travers le monde. Toute occasion de se retrouver entre pairs est bonne à prendre, et la religion comme les autres. Mais il est surtout rassurant de voir qu'on partage les mêmes valeurs sociales et humaines.

ALCOOL ET DROGUES POUR OUBLIER

Le débat sur la dépénalisation des drogues douces est là pour le montrer : leur consommation est entrée dans les mœurs d'une partie significative de la population française, et notamment des 15-34 ans, qui en sont les plus gros

1. Tout l'entretien d'Olivier Galland est consultable à l'adresse : http://www2.cnrs.fr/journal/3956.htm

consommateurs européens. En Europe, ils sont un tiers à en avoir déjà consommé au moins une fois et 12 % dans l'année écoulée[1]. Plus grave, on estime à un peu plus de 2 % le pourcentage des 15-34 européens qui ont déjà pris de la cocaïne pendant l'année écoulée (dont un peu plus de 1 % en France et près de 5 % au Royaume-Uni). En France, l'enquête 2011 de la Mission interministérielle de lutte contre la drogue et la toxicomanie[2] montre que la consommation de cannabis est en baisse chez les adolescents : 6,5 % des jeunes interrogés se disent fumeurs réguliers contre près du double (12,3 %) en 2002.

Si la consommation de cannabis est en baisse, celle d'alcool est en hausse chez les jeunes, selon la même étude : 15,2 % des filles et 5,6 % des garçons disent boire de l'alcool au moins dix fois par mois, une hausse de 18 % en quatre ans. De nombreux jeunes boivent aussi exagérément, mais de manière ponctuelle : il y a de moins en moins de jeunes qui boivent de l'alcool chaque jour. Il s'agit plutôt aujourd'hui de beuveries de fin de semaine, qui peuvent parfois conduire à des drames. Plus de 10 % des jeunes interrogés par la Mission interministérielle disent avoir été ivres au moins dix fois dans l'année. Notamment dans les grandes écoles, ces beuveries sont aujourd'hui admises comme une sorte de « sas de décompression » nécessaire dans un quotidien devenu beaucoup trop stressant. Même pour les filles, il est aujourd'hui admis qu'on peut se lâcher ponctuellement le week-end pour tenir le coup ensuite le reste de la semaine.

1. Selon l'Observatoire français des drogues et des toxicomanies (www.ofdt.fr).

2. À lire sur www.drogues.gouv.fr

L'addiction à l'alcool est d'ailleurs un fort marqueur social. Dans une étude, l'Observatoire de la vie étudiante note[1] que les « étudiants issus des classes dominantes ont plus de chances de boire de l'alcool au moins une fois par semaine, et plus de chances d'en boire tous les jours que les étudiants originaires des autres catégories sociales ». Plus acceptable socialement que les drogues, l'alcool est finalement un moindre mal pour les familles aisées, qui craignent beaucoup plus les effets du cannabis et des drogues illicites. Ainsi, se dessine une génération Y à deux vitesses : les plus aisés accros à un alcool « festif », quand le « pétard » est le quotidien d'une frange moins aisée de la jeunesse. Pour autant, tous tentent de gérer ainsi leur stress.

ACCROS AUX MÉDICAMENTS

La banalisation de la consommation des drogues interdites chez les jeunes interroge beaucoup les adultes. Mais les drogues peuvent être aussi licites. C'est même un véritable phénomène de société aux États-Unis, où les jeunes catalogués comme hyperactifs – souffrants d'un « trouble de déficit de l'attention/hyperactivité », le TDAH – se voient prescrire des médicaments pour réduire leurs symptômes, et ceci dès la maternelle. Non pas que ces médicaments soient inutiles pour certains cas difficiles, mais parler de 3 à 5 % d'enfants atteints semble très

1. « Alimentation et santé, 2e partie : la santé », de Claude Grignon et Béatrice Thiphaine, 2004 (http://www.ove-national.education.fr/medias/files/ove-infos/oi9_oi9.pdf).

supérieur à la réalité. Les traitements prescrits, à base de stupéfiants, ne sont pas anodins et peuvent créer une véritable addiction. En faisant prescrire leurs traitements le plus souvent possible et à des enfants qui pourraient le plus souvent s'en passer, les laboratoires pharmaceutiques ont créé un gigantesque marché.

Les abus médicamenteux continuent même après le lycée. Entre 18 et 25 ans, les jeunes Américains ont ainsi un « taux d'abus » de médicaments prescrits trois fois supérieur au reste de la population américaine. Mais il n'est plus besoin de traverser l'Atlantique pour constater ces abus. Il paraît aujourd'hui tout naturel à un étudiant de première année de médecine de prendre des stimulants pour réussir son concours. Selon l'Observatoire de la vie étudiante[1], ce ne sont pas moins de 20 % des étudiants français qui prennent des stimulants avant les examens. Les plus accros sont logiquement ceux qui travaillent le plus, qu'ils soient en médecine, en classe préparatoire ou en droit. Selon la même étude, 17,4 % prennent des calmants, des antidépresseurs et des somnifères. Logique, dans un pays champion du monde la consommation d'anxiolytiques. L'Organe international de contrôle des stupéfiants, une émanation de l'ONU, pointe ainsi[2] que « les jeunes sont tout particulièrement sensibles à une culture populaire présentant l'abus de drogues comme un aspect normal et acceptable du mode de vie de chacun ».

1. www.ove-national.education.fr
2. Rapport annuel (www.incb.org).

Toujours trop de suicides chez les jeunes

Plus on est jeune, plus on tente de se suicider. Entre 15 et 19 ans, 2 % des filles et 0,4 % des garçons ont tenté de se suicider. Entre 20 et 25 ans, c'est encore le cas de 1,1 % des femmes et de 0,6 % des garçons[1], contre 0,4 et 0,3 % entre 45 et 54 ans. Mais attention, qui dit tentative ne dit heureusement pas suicide. En fait, le taux de mortalité par suicide est même le plus faible chez les 15-24 ans (6,7 pour 100 000) contre 26,6 pour 100 000 chez les 45-54 ans. De la même manière, si les femmes – et tout particulièrement les jeunes femmes – font plus de tentatives, elles le font avec des moyens moins radicaux : médicaments pour elles, pendaison pour eux. Résultat : toutes générations confondues, les hommes représentent 75 % des décès par suicide.

GÉNÉRATION « STAGE »

On entend souvent parler des stages pour stigmatiser leur caractère parfois abusif, et les exemples que dénonce par exemple le collectif Génération précaire[2] sont bien réels. Nombre d'entreprises fonctionnent avec des stagiaires permanents qui n'ont aucune chance de voir concrétiser leur stage par une embauche. Mais les jeunes sont toujours autant

1. Selon l'Institut de veille sanitaire dans son *Bulletin épidémiologique* hebdomadaire consacré à « L'état des lieux en France du suicide et des tentatives de suicides » (décembre 2011), disponible sur www.invs.sante.fr

2. http://generation-precaire.org

demandeurs de stage car ils savent que l'entreprise attend d'eux qu'ils en aient déjà une vraie vision. Au-delà, cette période de stage, qui dure parfois un an dans le cadre de ce qu'on appelle une « année de césure », permet de faire le point sur ses attentes.

> Quand ils reviennent de stage, entre leur deuxième et leur troisième année d'école, ils sont parfois déçus par leur découverte de l'entreprise ou réalisent que le secteur qu'ils visaient n'était pas fait pour eux,

constate Isabelle Liotta[1], coach en orientation au sein de l'École des Mines de Paris.

> Ils sont de plus en plus demandeurs des sessions que nous leur donnons. Ils veulent choisir leur avenir en conscience et ont souvent peur de s'ennuyer tout au long de leur vie. C'est une génération hyper-angoissée.

Eh oui ! l'angoisse d'une carrière professionnelle ratée pointe même dans l'une des plus prestigieuses écoles d'ingénieurs françaises. Ce qu'un autre grand connaisseur, Thierry Grange, directeur général du groupe Grenoble École de Management, résume ainsi :

> Les périodes de stage sont nécessaires pour valider son projet. À moins de s'être inscrits dans un projet très pointu sur un secteur qui ne recrute pas, tous les diplômés d'une école comme l'ESC Grenoble savent qu'ils trouveront un emploi. Reste pour eux à valider dans quel secteur ils s'épanouiront le plus.

1. Elle est également l'auteur de *Premier job. Réussir son premier choix de vie*, Presses des Mines.

Revenus de différentes périodes de stage, cinq étudiants de Rennes Business School ont ainsi pu se rendre compte que, pour les uns, les entreprises dans lesquelles ils étaient correspondaient à leurs attentes, mais pour l'une d'entre eux, qu'il fallait tout changer :

> Je voulais travailler dans les ressources humaines mais je me suis rendu compte que cela ne me correspondait pas du tout. Maintenant, je veux aller dans le conseil en management puis créer ma propre entreprise.

Mais ces stages, ils les apprécient surtout parce qu'ils savent que les entreprises « cherchent des profils qui ont déjà deux ans d'expérience dès leurs débuts ». Comme 75 % de leur promo, voire 95 % à HEC, ces jeunes ont passé une année de césure en entreprise. De stage en stage, ils sont donc déjà expérimentés. Ils sont devenus cet oxymore, le « débutant expérimenté », que demandent des entreprises qui ne veulent surtout pas avoir à former leurs jeunes recrues et rêvent de les mettre au travail à la seconde de leur arrivée.

BIEN DÉBUTER DANS SA VIE PROFESSIONNELLE

L'angoisse du premier emploi raté menant à une impasse professionnelle est au cœur de la demande de stages et d'intérim. Selon un sondage réalisé par l'association d'aide à l'insertion professionnelle des jeunes diplômés La Manu, en 2011, trois-quarts des étudiants considèrent en effet leur premier emploi comme la pierre angulaire dans la construction de leur vie professionnelle, qui doit leur permettre de naviguer tout au long d'un parcours qu'ils imaginent mouvant, fait d'expériences diverses. « Tout le temps qu'on gagne en début de carrière est stratégique et je les incite à beaucoup réfléchir », confirme Philippe Rivet, vice-doyen chargé de l'éducation de l'ESC Rennes School of Business.

Ce que relativise quelque peu Wilhelm Laligant, directeur général du cabinet de recrutement Ranstadt Search & Selection :

> Le premier emploi n'est pas le plus important car il est souvent dans la continuité de ses études et de son parcours familial. De même pour le deuxième. C'est le troisième qui compte car là, on sait vraiment dans quel secteur on veut travailler.

Comme quoi un parcours professionnel se construit peu à peu. Mais les jeunes Y voudraient bien ne pas se tromper et multiplient les expériences avant de se lancer. On ne peut guère les en blâmer !

Loin de son image de précarité, l'intérim peut aussi être un bon moyen de se forger une expérience pour des jeune diplômés qui ne veulent – ou ne peuvent– s'insérer tout de suite dans une entreprise. « 20 % de nos 500 cadres intérimaires sont des jeunes diplômés et je peux vous dire que les entreprises les apprécient », se félicite Alain Mlanao, directeur de la société d'intérim spécialisée dans la comptabilité, la finance et l'administration Walters People. Son constat :

> D'un côté, beaucoup de jeunes préfèrent ne pas s'engager tout de suite, de l'autre, les entreprises préfèrent de plus en plus des profils qui ont su bouger et sont flexibles plutôt que d'autres

qui sont restés longtemps dans la même entreprise. L'intérim correspond aujourd'hui à cette double demande.

SURMONTER LE RISQUE DE DÉCLASSEMENT

Ne pas trouver un emploi qui leur corresponde ou corresponde à leurs qualifications est l'une des principales angoisses des jeunes Y. Comme le souligne le sociologue Louis Chauvel[1],

> Les titulaires d'une licence ou plus âgés de 30 et 35 ans ne sont plus que 54 % à être cadres, alors qu'ils étaient 70 % dans les années 1970. Seuls les titulaires de diplômes de grandes écoles malthusiennes sauvent leurs perspectives.

Il enfonce encore le clou en constatant que « pour la première fois en période de paix, les enfants connaissent à leur entrée dans le monde du travail une situation moins favorable que celle de leurs parents ».

Auteur de *La peur du déclassement. Une sociologie des récessions*[2], Éric Maurin ne partage pas ce diagnostic. Il défend au contraire l'idée d'une intégration dans le monde du travail égale à celle des générations précédentes mais précédée d'une terrible peur du déclassement, « y compris par les classes moyennes et supérieures, celles qui ont le plus à

1. Dans son document « Les nouvelles générations devant la panne prolongée de l'ascenseur social », à lire sur son blog : www.louischauvel.org

2. Dans un entretien au *Monde* en octobre 2009. *La peur du déclassement. Une sociologie des récessions* est édité au Seuil, « La République des idées », 2009.

perdre ». Il analyse cette peur comme « la conséquence de politiques publiques qui, depuis cinquante ans, ont systématiquement privilégié la protection de ceux qui ont déjà un emploi plutôt que le soutien de ceux qui n'en ont pas ».

L'« INFLATION SCOLAIRE »

Cette peur du déclassement a créé une véritable « inflation scolaire », selon la formule de la sociologue Marie Duru-Bellat[1]. Un bac + 5, deux masters, un doctorat, neuf mois de stage, oui mais pourquoi ? Mais parce que des profils comme celui-ci, il y en a de plus en plus et qu'il faut bien être au même niveau si l'on veut être compétitif. D'autant que les parents pensent qu'en accumulant le plus de connaissances et d'expériences possibles, leurs enfants seront plus à même d'évoluer positivement dans cette société qui, eux, les dépasse. « L'impératif de ne pas échouer à l'école est devenu écrasant. L'enjeu de la compétition scolaire n'a jamais été aussi élevé, les diplômes ont pris une valeur exorbitante. C'est particulièrement angoissant pour les familles », explique encore Éric Maurin.

De sorte que le diplôme est une garantie, une estampille obligatoire que veulent les jeunes sans accorder finalement trop de valeur à ce qu'il représente vraiment. « Nous avons besoin de ce diplôme, alors donnez-le nous, qu'est-ce que ça peut vous faire ? », entendent parfois des professeurs éberlués de constater que, pour certains étudiants médiocres, le simple

1. Marie Duru-Bellat, *L'inflation scolaire*, Le Seuil, 2006.

fait d'avoir passé des années à étudier devrait suffire à l'obtenir. De son côté, la sociologue Cécile Van de Velde[1] parle de la nécessité de « se placer » et d'une « course au diplôme qui s'accompagne d'une dépendance prolongée de la famille. Le sentiment d'urgence est très prégnant : il faut s'intégrer à tout prix et le plus vite possible, une fois pour toutes et pour toute la vie ».

Résultat, les élèves des grandes écoles ont maintenant pratiquement tous passé six ans dans leur établissement – sans parler de ceux qui ont redoublé en prépa' – pour obtenir un diplôme pourtant de niveau bac + 5. On commence d'ailleurs à parler de la nécessité d'une année de cursus supplémentaire. Mais ils ont obtenu ce niveau dans des parcours pratiquement « à la carte » avec une avalanche de possibilités de cours électifs, de stages, de séjours à l'étranger, qui font qu'il n'y a plus aujourd'hui deux étudiants de formation semblable. Dans les écoles de commerce, la gestion de ces parcours est devenue un tel casse-tête que les fabricants de logiciels s'arrachent les cheveux pour répondre à leurs demandes. On est véritablement entré dans l'ère du « diplômé unique », au parcours entièrement personnel mais avec l'estampille de son école ou de son université pour rassurer le recruteur sur ses compétences. Un diplomé tellement parfait qu'il peut espérer avoir surmonté ses angoisses.

1. Cécile Van de Velde, *Devenir adulte. Sociologie comparée de la jeunesse en Europe*, PUF, « Le lien social », 2008.

CHAPITRE 5

Génération *digital native*

On dit souvent que la génération Y est *digital native* (née dans la civilisation numérique) et ce n'est pas totalement vrai. Si par *digital native*, on entend née avec l'Internet, la génération Y ne l'est en effet que partiellement. Il faut bien faire la différence entre les Y les plus âgés, qui ont découvert Internet alors qu'ils étaient adolescents – nés en 1980, quand le World Wide Web se démocratise après 1996 – et les plus jeunes, qui y ont baigné depuis le berceau. Ce qui les rapproche tous, c'est l'utilisation massive des technologies et de ne pas s'imaginer autrement que branchés en permanence sur le monde.

Stressés par l'inaction, ils passent souvent sans discontinuer d'un support numérique à un autre. Sollicités par des expériences individuelles, ils vivent chacun leur vie jusque dans leur famille. Après un dîner vite expédié, chaque enfant se tourne, qui vers sa console de jeu pour une nouvelle version d'*Uncharted*, qui vers son Blackberry pour chatter, qui sur son Ipad pour voir un film. Quant à la nouvelle saison de leur série américaine préférée, que leurs parents se faisaient une joie de voir avec eux à la télé, il y a bien longtemps qu'ils l'ont regardée en *streaming* sur leur ordi'… Et une fois en couple, ils ne vont pas changer : madame Y chatte pendant que monsieur Y continue à jouer en ligne.

LES Y ONT-ILS UN CERVEAU DIFFÉRENT ?

« Les jeunes ne lisent plus » ; « Mais si, au contraire, on n'a jamais lu autant qu'aujourd'hui ». Deux phrases vraies. Parce qu'avec Internet, on n'a jamais produit autant de contenu écrit qu'aujourd'hui. Mais aussi parce que c'est un contenu lisible et digérable le temps d'un éclair et avant de surfer vers un autre. Nous sommes bien loin de *Guerre et Paix* ! En rédigeant en 2008 un long article intitulé « Google nous rend-il idiot ? » [1], Nicholas Carr, essayiste américain spécialiste des nouvelles technologies, avait jeté un beau pavé dans la mare.

Et il est vrai qu'il avait des arguments à faire valoir :

> Je ne pense plus de la même façon qu'avant. C'est quand je lis que ça devient le plus flagrant. Auparavant, me plonger dans un livre ou dans un long article ne me posait aucun problème. [...] Désormais, ma concentration commence à s'effilocher au bout de deux ou trois pages. Je m'agite, je perds le fil, je cherche autre chose à faire. [...] Je crois savoir ce qui se passe. Cela fait maintenant plus de dix ans que je passe énormément de temps sur la toile, à faire des recherches, à surfer et même parfois à apporter ma pierre aux immenses bases de données d'Internet.

1. L'article de Nicholas Carr « Is Google Making Us Stupid ? » est accessible en français sur le site Internet Actu : http://www.internetactu.net/2009/01/23/nicolas-carr-est-ce-que-google-nous-rend-idiot/ ; on peut suivre son actualité sur son site www.nicholasgcarr.com

Comme beaucoup d'entre nous, Nicholas Carr ne pouvait que constater que plus notre cerveau est accaparé par tant d'informations à chaque instant – mails intrusifs dans la petite fenêtre en bas à droite, flux rss, podcasts, etc. –, plus il nous est difficile de nous concentrer sur une tâche unique.

LA PÊCHE AUX INFOS

Et encore Nicholas Carr avait-il alors cinquante-deux ans et pouvait-il analyser comment son cerveau s'est peu à peu « googlizé ». Un recul que n'ont pas des Y pour lesquels il est tout simplement impossible de réfléchir autrement. Comme il l'explique encore :

> Mon esprit attend désormais les informations de la façon dont le Net les distribue : comme un flux de particules s'écoulant rapidement. Auparavant, j'étais un plongeur dans une mer de mots. Désormais, je fends la surface comme un pilote de jet-ski. [...] Des signes montrent que de nouvelles formes de “lecture” apparaissent lorsque les utilisateurs “super-naviguent” horizontalement de par les titres, les contenus des pages et les résumés pour parvenir à des résultats rapides.

Il en devient impossible de lire un article en entier, tant nous sommes vite accrochés par le lien qui nous amène à naviguer jusqu'à en perdre la page initiale. Nous surfons sur la vague des informations pour en capter l'essentiel et en faire notre propre synthèse. Le surfeur comprend-il la mer ? Pas comme l'océanographe, certes, mais il y prend sûrement beaucoup plus de plaisir immédiat... Sur le web aussi, le surfeur saute de vague d'info en vague d'info, et leur somme lui tient lieu de réflexion globale. A-t-il suivi tout le raisonnement d'un auteur ? Non, mais il s'en est forgé lui-même un en agrégeant différents contenus : c'est alors son propre raisonnement et celui de personne d'autre.

Payer, moi, jamais !

En créant en 2009 le système Hadopi pour lutter contre les téléchargements illégaux, la France s'est attaquée à l'un des marqueurs générationnels les plus frappants de la génération Y : l'habitude de ne pas débourser un centime pour avoir accès aux biens culturels. Musique, jeux vidéo, films – bientôt livres ? –, rien ne doit être payant. Il serait d'ailleurs difficile d'imaginer qu'il en soit vraiment autrement. Comme le rappelait ironiquement Fabrice Epelboin, le directeur de la publication du site ReadWriteWeb dans un article publié en 2010, « remplir légalement un iPod de dernière génération coûte, grosso modo, le prix d'une Porsche Carrera d'occasion, ce qui donne une idée de l'augmentation phénoménale de l'argent de poche des adolescents, ou de leurs pratiques illégales (je vous laisse choisir) ». Les technologies ont imposé leurs usages et il faudrait beaucoup d'Hadopi pour que cela change...

FILLES ET GARÇONS N'ONT PAS LES MÊMES USAGES

Certains Y peuvent être plus Y que d'autres. Notamment les garçons *geeks*, enfermés dans un virtuel dont ils ont bien du mal à sortir. Car si les filles et les garçons utilisent les mêmes outils, ce n'est pas dans les mêmes proportions. Nombreuses à jouer sur Internet, les filles s'y consacrent néanmoins un peu moins que les garçons. Dans une étude menée par Fréquence écoles[1] en 2010, on apprend que si 78,9 % d'entre elles jouent, contre 86 % des garçons, elles y passent beaucoup moins de temps qu'eux : plus de la moitié des garçons les pratiquent « souvent » (53,5 %), contre moins d'un tiers (31,7 %) des filles.

Là où les jeunes filles privilégient les échanges, SMS et réseaux sociaux, les garçons sont d'abord des fans de jeux vidéo, et notamment en réseau. Ce jour-là, il y a 56 782 joueurs sur Fifa 2012 et Vincent, 17 ans, pseudo Allrolls, joue avec Didliou41 sans avoir aucune idée de qui il peut s'agir ni de quel coin d'Europe il est. S'ils décident de communiquer – souvent pour s'envoyer des insultes bien senties –, c'est en anglais. S'ils ont chacun un casque et un micro, c'est aussi en anglais qu'ils s'invectivent, comme Materazzi et Zidane en finale de la Coupe du monde de football 2006.

Ariane, la sœur de Paul, 15 ans, le regarde sans envie et n'espère qu'une chose : qu'il quitte la Playstation 3 et lui laisse enfin regarder la télé. Pas fan de jeux vidéo, elle apprécie quand même les *Sims* parce qu'ils « simulent la réalité des rapports humains » mais n'aurait jamais l'idée d'y « passer des heures, comme son frère ». Ses heures, elle les passe sur Facebook – dont elle a soigneusement exclu ses parents quand elle avait onze ans – à regarder ce que font ses copains et à mettre en ligne ce qui lui semble amusant.

1. « Comprendre le comportement des enfants et adolescents sur Internet pour les protéger des dangers », enquête de Fréquence écoles, association d'éducation aux médias, et financée par la Fondation pour l'Enfance, mars 2010. Le rapport complet est téléchargeable sur http://www.frequence-ecoles.org

TOUT, TOUT DE SUITE

L'information fut longtemps un bien précieux et difficilement accessible. Il y a encore vingt ans – une éternité pour nos Y ! –, il fallait se plonger dans des encyclopédies ennuyeuses, solliciter des documentalistes débordés ou faire la queue pendant des heures pour aborder une question historique, comprendre ce qu'il fallait savoir sur tel ou tel marché émergent ou encore acheter des billets de train. Aujourd'hui, un clic de souris et tout est accessible, une recherche sur son Iphone et vous savez tout, même en plein milieu de la rue. L'e-mail, trop lent, est déjà en passe de disparaître des campus américains au profit des messageries instantanées ou de Skype. En 2010, les 12-17 ans américains ont ainsi réduit de près de 60 % le nombre d'e-mails envoyés.

Problème : la vie n'est pas à l'image du web. « Cela paraît dingue à un jeune, d'entendre dire qu'on considère qu'il lui faudra sept ans pour devenir un expert. Pour eux, c'est tout, tout de suite », constate Benoît Arnaud, directeur d'Edhec Management Institute (institut spécialisé dans la formation des cadres), contraint de devoir expliquer à de jeunes cadres que l'expertise, c'est quand même un peu plus compliqué qu'une recherche avec deux mots-clé.

Le bon côté de cette « googlization » des esprits est la grande capacité d'adaptation et la flexibilité de ces jeunes générations qui ont pris l'habitude de toujours trouver une solution. « Une vraie génération “débrouille”, de passionnés avec une forte intensité », se réjouit le formateur. Ses autres points forts hérités de l'Internet, selon lui ? « D'abord, la capacité à traiter beaucoup d'informations en même temps, un côté multitâche, une grande créativité et un grand sens de l'humour. » Au rayon point faible, on lui reproche souvent son incapacité chronique à se concentrer. Mais avez-vous déjà essayé de passer quatre heures sur un jeu vidéo en ligne à combattre des Sud-Coréens à fond dans leur partie ? Là, on voit ce que c'est que de la concentration !

COPIER-COLLER À TOUS LES ÉTAGES ?

Le mauvais côté de cette « googlization des esprits » est le formatage dans une vaste culture du copier-coller qui débouche sur le plagiat et l'absence de réflexion.

> Lorsqu'il était en stage dans une grande société de conseil, on a dit à l'un de mes étudiants de se contenter de faire du copier-coller pour rendre son étude sur l'entreprise qui la payait. Après ça, allez leur dire que plagier, c'est grave !

Le directeur de cette grande école renommée, dont nous tairons le nom, était affligé mais bien obligé de constater qu'à l'heure d'Internet, pour beaucoup de décideurs, rien ne vaut un bon copier-coller… Le seul problème, c'est que les citations empruntées sont rarement rendues à leur auteur. Ce phénomène, on le retrouve partout, comme l'ont montré les mises en cause de différents auteurs renommés ces dernières années.

Dans les copies de lycée ou même à l'Université, le plagiat [1] est devenu la norme, au point que des logiciels antiplagiat

1. Un livre fait très bien le point sur ce phénomène : Marie-Estelle Pech, *L'École de la Triche*, L'Éditeur, 2011.

– comme compilatio.net – sont de plus en plus utilisés pour scanner les copies. Mais que faire quand la moitié d'une classe sort son Iphone pour récupérer le corrigé d'un sujet de philo ? Brouiller les ondes, c'est possible et certaines grandes écoles le font pour valider leurs examens d'entrée, mais cela coûte cher. Qui plus est, c'est dangereux si cela empêche une personne en difficulté d'appeler les secours. Évidemment, on pourrait aussi recourir plus largement aux oraux qu'à des écrits faisandés par la triche mais, là encore, cela coûterait cher. Le plus simple est encore de laisser-faire. D'autant que le tricheur sait très bien se défendre contre les accusations de ses professeurs. Résignés, ceux-ci se contentent de signaler leurs doutes sur la copie de la sorte :

> Très bonne copie, ce qui est d'autant plus méritant que *** n'écoute rien en cours et semble avoir rédigé toute sa dissertation en moins de trente minute, si j'en crois le peu de temps que je l'ai vu écrire.

Quant aux devoirs et dissertations à la maison, la tentation est grande d'aller les chercher sur des sites comme oboulo.com. Vous vous intéressez au droit des obligations ? Voici vingt-cinq fiches très bien faites par des doctorants en droit. Au thème « Les Français et l'école, de 1870 aux années 1990 » ? Mieux encore, voici un exposé tout prêt : il n'y manque qu'un Power Point. Évidemment, ces sites sont payants, mais ils font gagner tellement de temps...

LA FIN DE LA MÉMOIRE ?

L'extrême facilité d'accès à l'information conduit à délaisser tout effort de mémoire. Nous n'apprenons plus de numéros de téléphones par cœur. À quoi bon puisqu'ils sont enregistrés sur notre mobile et sauvegardés sur des disques durs ? Nous ne nous embêtons plus à retenir les noms des rois de France : Wikipedia les sait bien mieux que nous, accessible en quelques secondes sur notre smartphone. « Le cerveau humain est un ordinateur obsolète qui a besoin d'un processeur plus rapide et d'une mémoire plus tendue », explique Larry Page, l'un des fondateurs de Google. Il ne nous reste plus qu'à attendre que nous soyons en permanence reliés au monde entier par des puces implantées dans notre cerveau. Toute la mémoire du monde, instantanément… De la science fiction ? Certainement pas : des prototypes de télécommandes mentales voient déjà le jour.

Cette « révolution de la mémoire » en rappelle une autre, celle de l'imprimerie. Comme l'expliquait en mars 2011 le philosophe Michel Serres dans *Le Monde*[1],

> […] ne dites surtout pas que l'élève manque des fonctions cognitives qui permettent d'assimiler le savoir ainsi distribué, puisque, justement, ces fonctions se transforment avec le support et par lui. Par l'écriture et l'imprimerie, la mémoire, par exemple, muta au point que Montaigne voulut une tête bien faite plutôt qu'une tête bien pleine. Cette tête vient de muter.

1. Michel Serres « Éduquer au XXIe siècle », *Le Monde*, 5 mars 2011 (www.lemonde.fr/idees/article/2011/03/05/eduquer-au-xxie-siecle_1488298_3232.html).

L'important reste de faire un bon usage de l'information, de certifier sa valeur pour que le résultat soit solidement étayé. « On peut recopier bêtement sur Internet ou collecter intelligemment de l'info, explique Alain Bravo, directeur général de Supélec. Pour cela, il faut développer l'esprit critique dès le primaire et apprendre à utiliser les bons mots-clé dans ses recherches. »

Digital naives ?

On se gausse parfois aux États-Unis des *digital natives* en les appelant *digital naives*. Il ne suffit en effet pas de twitter et d'avoir sa page Facebook pour être à la pointe. Encore faut-il être bien formé avant d'exploiter un logiciel Excel ou même Word. Car il y a quand même loin entre être *digital native* et *digital* tout cours. « La culture numérique, ce n'est pas que la manipulation d'outils. Il faut surtout être capable de se poser les bonnes questions pour se mettre au service du consommateur », confie Alain Bravo.

Mais beaucoup se font prendre au piège des médias – et de ce livre ! – qui renvoient l'image d'une génération sachant forcément mieux s'y prendre que les autres. En fait, elle ne fait finalement qu'utiliser des technologies mises au point par les générations précédentes, celles des Steve Jobs, Bill Gates et consorts. Seul Mark Zuckerberg se mêle finalement à cette litanie de croulants. « Vous saurez », dit pourtant ce chef d'entreprise à ce jeune recruté bien en mal de comprendre le logiciel maison de commande si l'on ne prend pas le temps de lui expliquer. « Vous allez me faire du viral », dit ce chef de pub à ce jeune publiciste bien en mal d'imaginer tout seul la campagne virale qui fera parler d'un shampooing sur la toile. « Savoir animer des réseaux sociaux avec Facebook ou Twitter est aujourd'hui l'essence du métier », explique ainsi Serge Le Strat, directeur de l'une des plus fameuses écoles de communication françaises, l'Efap. « Résultat : la première qualité des personnes qu'on recrute aujourd'hui est parfois d'être jeune. C'est un peu court et il leur manque des dimensions stratégiques qu'on ne peut apprendre qu'en se formant. »

COMMENT RESTER CONCENTRÉ ?

Éva, salariée dans une grande entreprise de distribution, n'en peut plus des mails qui l'assaillent depuis sa messagerie Outlook. Là, en bas à droite sur son écran, ils apparaissent et la perturbent constamment. Plusieurs centaines par jour. Tous à traiter d'urgence et à archiver pour ne pas oublier celui qui prouve qu'elle a bien fait son boulot. Dans son entreprise, tout le monde envoie des mails à tout le monde. Pour tout et n'importe quoi, mais surtout pour pouvoir prouver que le boulot a été bien fait. Pour laisser des traces. Le challenge quasi obsessionnel d'Éva est de ne pas avoir plus de vingt e-mails non lus dans sa boîte.

S'il n'y avait que les e-mails ! Mais il y aussi les alertes des sites d'information, les messages personnels sur Facebook – 45 % des Y disent se connecter aux réseaux sociaux pendant leurs heures de travail –, un tweet pour signaler à ses amis la dernière vidéo à « avoir absolument vu », un SMS rappelant que sa facture de mobile est arrivée – « Tiens, pourquoi je paie si cher, ce mois-ci ? » –, un appel téléphonique pour lui demander pourquoi elle n'a pas répondu à cet e-mail

« si important », et de plus en plus de messageries instantanées. Sans compter son collègue, qui hurle au téléphone alors qu'on entend tout, dans cet *open space*...

Dans un récent rapport[1], l'Observatoire sur la responsabilité sociétale des entreprises pointait ainsi que 56 % des utilisateurs passaient plus de 2 heures par jour à gérer leur boîte de réception ! Comme Éva, 38 % reçoivent plus de 100 messages par jour. Façon lasagnes, le cerveau du professionnel des années 2010 se décompose alors en une multitude de petites tâches envahissantes et intrusives, qui ne laissent que peu de temps à la réflexion. Si, le soir, au calme chez soi... Cette démultiplication des sollicitations professionnelles et personnelles laisse plus d'un X et un baby-boomer sur le carreau alors qu'elle est toute naturelle aux Y. Les Y sont capables de faire beaucoup de choses à la fois – travailler et chatter, réfléchir et regarder une vidéo, etc. – et en ont même besoin, tant le lien avec leur communauté leur paraît essentiel à leur épanouissement. Il reste juste à en convaincre des entreprises qui se demandent parfois si les Y emmènent vraiment leurs préoccupations professionnelles chez eux autant que leur vie privée à leur travail. Bonne question.

LA NAISSANCE DE L'HOMME MULTITÂCHE

Alors, l'Y serait-il un mutant multitâche, capable d'écouter de la musique tout en travaillant efficacement, de regar-

1. Le rapport « Pour un bon usage de la messagerie dans un cadre professionnel », publié en 2011, est consultable sur www.orse.org

der un film tout en lisant un livre, de consulter un site tout en restant concentré sur son travail ? Oui et non, comme l'explique le chercheur Jean-Philippe Lachaux, directeur de recherche à l'Inserm, sur son blog Le cerveau attentif[1] :

> Dans le cerveau, un même neurone ne peut pas faire deux choses à la fois. Cela signifie que si deux activités font appel en même temps aux mêmes populations de neurones, vous ne pourrez pas les réaliser simultanément.

Il constate donc qu'il n'est possible de superposer plusieurs actions que lorsque celles-ci sont « devenues des procédures automatiques, à force d'apprentissage ». Et de citer le cas de « pianistes virtuoses capables de jouer des morceaux difficiles tout en parlant ou même en lisant ! »

Mais il rappelle :

> Les tâches qui demandent de la réflexion, de la planification, de la mémoire ou de la créativité ne peuvent pas être superposées, car elles font appel à des structures cérébrales communes, situées notamment dans le cortex préfrontal. C'est pourquoi une personne qui consulte ses SMS ou ses mails sur son smartphone semble tout d'un coup décrocher de la conversation en cours.

Comme quoi l'on peut tout faire à la fois, à condition de ne rien faire vraiment bien, Y ou pas.

1. À retrouver sur le blog www.lecerveauattentif.fr ; Jean-Philippe Lachaux est aussi l'auteur du *Cerveau attentif : contrôle, maîtrise et lâcher-prise*, Odile Jacob, 2011.

CHAPITRE 6

Génération Facebook

On aurait pu appeler la génération Y la génération Facebook, tant la création en 2004 de ce qui est devenu aujourd'hui le premier site communautaire dans le monde, a transformé les rapports humains. Selon l'Observatoire des réseaux sociaux de l'Ifop[1], 94 % des internautes français âgés de 15 à 24 ans se déclaraient membres d'au moins un réseau social en 2010 (pour 78 % en moyenne chez l'ensemble des internautes). Mieux, 62 % sont membres de quatre réseaux ou plus (la moyenne est de 2,9 réseaux sociaux), avec en tête Windows Live, Facebook et Copains d'avant.

La culture de l'Internet est ainsi devenue « la matrice, la métaphore et le modèle des 15-25 ans », souligne la sociologue Pascale Weil[2]. « Avec l'irruption d'Internet, on parle au contraire de l'avènement d'une "nouvelle sociabilité", profondément transformée et renouvelée », *remarque* Pierre Mercklé dans son livre Sociologie des réseaux sociaux[3]. En contact constant avec leurs amis et amis Facebook, les Y ne

1. L'Observatoire des réseaux sociaux est consultable sur le site de l'Ifop : www.ifop.com

2. Pascale Weil, *Tels pères… quels fils*, *op. cit.*

3. Pierre Mercklé, Sociologie des réseaux sociaux, La Découverte, 2011 (à retrouver également sur son blog http://pierremerckle.fr).

rompent jamais le fil qui les relie. Même chez eux, leurs amis sont présents. Même sans sortir, ils peuvent discuter en permanence, le tout sans que cela coûte un centime ni ne dérange leurs familles, contrairement à la Sophie Marceau scotchée au téléphone de *La boum*.

PARTAGER ET SE PARTAGER

Être Y, c'est faire partager ses expériences et, tant qu'à faire, être les premiers à en faire découvrir : le fameux buzz. Fabrice Epelboin, directeur du site ReadWriteWeb[1], et Sarah Perez l'expliquent ainsi, dans un article intitulé « La génération Y va tout changer » :

> Le partage est synonyme de pouvoir au sein de cette génération, quel que soit ce que l'on partage : connaissance, liens, compétences ou musique, au sein d'un cadre privé ou professionnel, le pouvoir s'acquiert par le partage là où le fait de posséder sans partager était lié au pouvoir des anciennes générations, qui ont vécu dans une économie de la rareté et ne comprennent rien à l'économie de l'abondance propre au numérique.

Le buzz se transforme vite en rumeur. « Je passe mon temps à répondre à des rumeurs et à éviter que de fausses nouvelles se propagent », témoigne ce directeur des études d'une grande école, stupéfait de devoir expliquer en face à face ce qui est pourtant clairement écrit : « Ils ne font pas confiance à l'écrit mais veulent un contrat de confiance oral,

1. La version française de ce site a malheureusement été suspendue.

les yeux dans les yeux ». Ce que confirment ses étudiants : « Nous sommes comme cela. Nous voulons une réponse tout de suite, sinon, on se pose plein de questions, on tweete, on se réunit, on s'inquiète ».

Il s'agit non seulement de partager ce qu'on connaît, les informations, les rumeurs, mais aussi de « se » partager. Quand il a dit ne plus croire dans la vie privée, Mark Zuckerberg, fondateur de Facebook, ne pensait sûrement pas provoquer un tel débat planétaire alors qu'il ne faisait que rappeler les fondamentaux d'une révolution appelée Facebook. « Ce que veulent les jeunes, c'est exercer leur sensibilité pour exister comme un individu particulier », assure la sociologue Monique Dagnaud[1]. Chaque jeune représentant de la génération Y veut être considéré comme un individu. Après la vogue des blogs, les réseaux sociaux sont aujourd'hui l'expression majeure de cette individualisation.

Les huit commandements du bloggeur

Il a décidé de tout dire sur son blog. Depuis 2009, Jeff Jarvis y explique l'évolution de sa maladie et a publié en 2009 *Tout nu sur le web*[2]. Il y livre les huit commandements du bloggeur prudent et efficace :

1. Tu créeras des groupes différents (vie professionnelle, famille, amis).

2. Tu ne dévoileras rien sur une personne sans avoir son consentement.

1. Lors d'une conférence donnée au Centre d'analyse stratégique en septembre 2011. Elle est l'auteur de *Génération Y. Les jeunes et les réseaux sociaux, de la dérision à la subversion*, *op. cit.*

2. Jeff Jarvis, *Tout nu sur le Web*, Pearson.

3. Tu te demanderas toujours ce qu'en penserait ta grand-mère avant de poster une information.
4. Tu prendras le temps de bien régler les paramètres de confidentialité.
5. Tu ne publieras rien après une soirée (la nuit porte conseil...).
6. Tu éviteras d'accepter tes parents en amis.
7. Tu ne tagueras pas des personnes sur une photo sans avoir reçu leur aval.
8. Tu créeras des pseudos pour t'adresser à des groupes d'amis particuliers

ÊTRE UN « INDIVIDU POPULAIRE »

Sur le web, on ne s'expose plus sans réfléchir, comme dans les premiers temps où chacun prônait une transparence un peu idyllique. Aujourd'hui, on s'expose sur le web... en prenant garde de ne pas trop de découvrir pour autant. « Il s'agit d'être populaire, d'avoir un groupe autour de soi et de montrer à quelle tribu on appartient », remarque Monique Dagnaud, rejointe en cela par Olivier Galland[1] :

> La sociabilité est une source de prestige : les amis sont un "capital relationnel" qui prouve, s'il est bien fourni, la popularité de l'adolescent et lui confère un rang particulier.

À l'ère des réseaux sociaux, il constate aussi que « l'affichage des relations et leur validation par le groupe des pairs

1. Olivier Galland, *Sociologie de la jeunesse*, Armand Colin, 2011.

sont une condition d'authentification de ce capital relationnel ». Il ne suffit pas d'avoir cinq cents amis sur Facebook, encore faut-il pouvoir montrer que ce sont de « vrais amis ». Il s'agit en fait d'être un « individu populaire », à la fois assez proche des autres pour en être accepté et suffisamment singulier pour en être respecté. Un équilibre pas toujours facile à trouver...

Les Y s'inventent donc leurs propres codes, se réfugient dans le virtuel, créent leur propres communautés et ont leur propre humour. La culture du LOL (*laughing out loud*, « rire à gorge déployée », devenu MDR pour « mort de rire » en France) et de la dérision est en effet l'un des grands aspects de la culture jeune actuelle. « Les humoristes, les détournements de pub ou d'événements fleurissent sur la toile », explique Monique Dagnaud et prenant aussi l'exemple du « Petit journal » de Canal+ tout en rappelant, plus gravement, que « cette vitalité qui s'appuie sur l'outrance, on la retrouvait aussi avant la Révolution française sous la forme de ce qu'on appelait alors les libelles ». Le LOL se transforme alors souvent en *lulz*, une sorte de LOL plus féroce.

La figure de ce policier de l'Université de Californie arrosant des manifestants anti-Wall Street de gaz au poivre a, par exemple, fait le tour du monde, fin 2011[1]. Mis à toutes les sauces, on le voit aussi bien affronter les révolutionnaires français dans le tableau *La Liberté guidant le peuple*, de Delacroix, qu'affronter Godzilla. Moins drôle encore pour lui, les Anonymous ont diffusé son adresse réelle et son

1. À retrouver sur http://bigbrowser.blog.lemonde.fr et la vidéo du policier sur YouTube (http://www.youtube.com/watch ?feature=player_embedded &v=WmJmmnMkuEM#!).

téléphone sur le Net. Quant au chef de la police du campus, il a été suspendu de ses fonctions. Une action à la fois drôle et particulièrement efficace !

« L'AFFAIRE » JESSI SLAUGHTER

L'univers jeune, un univers impitoyable ? Parfois. En tout cas, quand une jeune Américaine, Jessica Leonhardt, onze ans, devient la tête de turc officielle de l'Internet. Rappelons les faits[1]. En 2010, celle qui se fait appeler Jessi Slaughter (« Jessi Massacre ») sur le Net est une adolescente un peu mytho dont tout le monde se moque quand elle prétend être la petite amie d'une star du rock. Mais tout commence à déraper quand elle insulte à son tour, et en vidéo, les moqueurs sur le site très trash 4chan.org[2]. Ayant trouvé son adresse réelle, ceux qui croient que tout est permis sur la toile deviennent ceux qui croient que tout est permis tout court. On l'appelle pour l'insulter à longueur de journée ou on lui envoie des centaines de pizzas, on met des annonces de femmes se prostituant à son adresse, etc.

Devant ce déchaînement de haine, les parents de la jeune Jessica finissent par craquer dans une autre vidéo et menacent

1. Plus d'infos et des vidéos sur le site de *20 Minutes* http://www.20minutes.fr/web/586189-Web-Jessi-Slaughter-toute-l-histoire-de-l-ado-qui-enflamme-les-États-Unis.php

2. www.4chan.org est le site emblématique d'une contre-culture web dans laquelle on peut tout publier sans contrôle, du plus intéressant au plus *trash*, sans donner son identité. On est alors identifié comme *anonymous*. D'où le nom qu'ont pris les activistes du web.

de faire intervenir la police. Mauvaise idée, car la toile redouble d'attaques, cette fois-ci contre le père, qui a le malheur d'être un ouvrier au langage peu châtié. Plus grave, la police s'inquiète pour la santé de la petite fille et intervient. Bilan : une famille en lambeau et des adversaires du web libre qui demandent qu'on filtre les vidéos postées sur la toile. Pour eux, il s'agit d'éviter à d'autres ados de se faire harceler par des internautes qui, eux, gardent soigneusement l'anonymat. Jessica Leonhardt est en tout cas devenue un symbole.

Des expériences parfois traumatisantes

Selon l'enquête « Comprendre le comportement des enfants et adolescents sur Internet pour les protéger des dangers », menée par l'association Fréquence écoles en 2010, voici le classement des expériences « potentiellement fâcheuses » vécues par les jeunes collégiens et lycéens :

1. Virus ou piratage (36,4 %)
2. Images ou films pornographiques (25,5 %)
3. Images ou films violents (21,5 %)
4. Utilisation de photos sans accord préalable (14,9 %)
5. Insultes, méchancetés, menaces (14,1 %)
6. Usurpation d'identité côté usurpateur (13,5 %)
7. Usurpation d'identité côté victime (13,4 %)
8. Rendez-vous donné par un inconnu (7,7 %)
9. Arnaques ou escroqueries (3,8 %).
10. Images ou films de pédophilie (1,4 %)

INTERNET, ATTENTION DANGER

L'exemple de l'Américaine Jessi Slaughter le démontre : à trop s'exposer sur le web, on prend le risque de s'y brûler les ailes. Habiles à utiliser les technologies mais parfois naïfs devant leur utilisation, échappant à tout contrôle de parents dépassés, les Y se mettent trop souvent en danger. Les parents sont particulièrement inquiets de la mise en contact des plus jeunes avec des images pornographiques ou des rencontres possibles avec des adultes se cachant derrière des pseudos jeunes. Ils placent donc des barrières qu'ils abaissent au fur et à mesure que leur enfant grandit. Selon une enquête menée par Fréquence écoles en 2010[1], seuls 10,8 % des enfants en primaire déclarent ne pas avoir reçu de règles d'utilisation. Ils sont 26,2 % au collège mais 68,2 % au lycée. Comme le note l'association : « L'autonomisation n'est pas progressive d'année en année mais connait une brusque accélération du collège au lycée ». Il est vrai qu'il devient alors difficile d'imposer l'utilisation de pare-feux qui interdisent parfois l'accès à des sites apparemment anodins.

Publier, se mettre en avant, c'est bien, mais il ne faut surtout pas oublier que cela laisse des traces bien difficiles à effacer. La première chose que fait aujourd'hui un recruteur qui s'intéresse à un candidat est de le « googlizer » et d'aller voir son profil Facebook. Des formations à la

1. « Comprendre le comportement des enfants et adolescents sur Internet pour les protéger des dangers », une enquête menée par Fréquence écoles, association d'éducation aux médias, et financée par la Fondation pour l'Enfance, mars 2010 Le rapport complet est téléchargeable sur http://www.frequence-ecoles.org

e-responsabilité sont donc organisées dans les grandes écoles. Patrice Houdayer, directeur général délégué de l'EM Lyon, met en particulier en garde ses élèves sur la pérennité de leurs commentaires vis-à-vis de leurs futurs employeurs : « Il n'est pas rare que les étudiants se voient poser des questions par les recruteurs sur telle ou telle phrase qu'ils ont mise en ligne des années auparavant. S'exprimer sur Internet, c'est laisser des traces, et les futurs jeunes diplômés n'en ont pas toujours conscience ».

Yannick Chatelain, spécialiste des techniques avancées de marketing on line et professeur à Grenoble École de management, encourage donc ses élèves à se comporter sur le Net comme un journaliste responsable des ses écrits :

> On doit pouvoir assumer les conséquences de ce qu'on écrit sur autrui. Cela, beaucoup de jeunes n'en sont pas conscients. Notamment après leurs deux années de prépa, quand ils intègrent l'école. Mais dès qu'ils ont commencé à suivre des stages, ils entrent dans une dynamique de carrière et commencent à beaucoup mieux contrôler ce qu'ils font.

C'est d'ailleurs alors qu'ils passent peu à peu d'un Facebook à usage privé et ludique à des Linkedin ou Viadeo plus professionnels.

TOUT PEUT SE RETOURNER CONTRE L'INTERNAUTE

Attention tout particulièrement aux CV mis en ligne ! Des années plus tard, un recruteur peut les retrouver et alors, gare s'il ne correspond pas à celui que vient de lui envoyer le candidat... En amont, écoles et universités s'appliquent maintenant à préparer les futurs candidats à affronter les recruteurs sans trop de « casseroles » laissées derrière eux sur le web. Jean-Michel Perrenot, qui dirige l'IGS à Lyon une école spécialisée dans les ressources humaines, a ce commentaire :

> Les étudiants commencent à faire attention à ne pas poster n'importe quoi sur Facebook. Ils savent qu'il y a un risque qu'un recruteur se retrouve un jour en face d'eux passablement éméchés et que cela nuise à leur image. Autant d'ailleurs sur sa passion de la fête que sur son imprudence.

Outils parfois dangereux, les réseaux sociaux n'en sont pas moins aussi un outil nécessaire. Ne pas en faire partie semble aujourd'hui très incongru à un recruteur, et handicapant pour un candidat postulant dans des entreprises avides d'utiliser les « web compétences » de leurs jeunes recrues. Mieux vaut quand même être présent sur Facebook – mais bien distinguer ce qu'on y publie pour tous et ce qui est réservé à ses amis – et, surtout, sur les deux grands réseaux professionnels que sont Linkedin et Viadeo. Le mieux étant l'ennemi du bien, les recruteurs vont jusqu'à s'interroger quand ils voient un trop grand nombre d'amis sur un profil, signe qu'un réseau est peut être important mais risque aussi d'en être inefficace. C'est comme de mettre qu'on pratique tous les sports collectifs sur son CV : on risque toujours de tomber sur un recruteur fan de jazz qui notera vite que vous confondez Tony et Charlie Parker...

Des jeunes de plus en plus experts des réseaux

L'Observatoire des réseaux sociaux de l'Ifop[1] montre que 43 % des internautes ont déjà effacé des données qu'ils avaient mises en ligne. Comme le soulignent les analystes de l'Ifop :

> Les plus jeunes, qui sont ceux qui exposent le plus leur vie privée, sont aussi ceux qui ont le plus fréquemment mis en place des garde-fous. 43 % des membres d'un ou plusieurs réseaux sociaux âgés de 18 à 24 ans ont restreint ces informations personnelles à leurs seuls contacts ou amis, contre seulement un tiers des 35-49 ans et moins d'un quart (23 %) des plus de 65 ans.

Si 82 % des internautes âgés de 18 à 24 ans publient leur date de naissance sur les réseaux sociaux (62 % de l'ensemble des internautes), 85 % leur nom de famille (63 % de l'ensemble) et 86 % des photos d'eux (seulement 58 % pour l'ensemble), ils ne sont que 32 % à parler de leur religion (contre 14 % en moyenne) et 27 % de leur employeur (24 % en moyenne). Là où ils se singularisent le plus, c'est en étant 51 % à évoquer leur identité sexuelle contre une moyenne de et 25 %. Et ils sont 25 % à donner leur adresse postale !

FAIRE CONFIANCE AU WEB ?

Le monde merveilleux du web peut aussi se révéler un piège rêvé pour ceux qui sont nés avec et privilégient les

1. L'Observatoire des réseaux sociaux est consultable sur le site de l'Ifop : www.ifop.com

conseils des autres internautes pour faire leurs choix plutôt qu'une publicité dont ils se méfient comme de la peste. Mais il y a bien longtemps que les forums, groupes de discussion, pages Facebook, etc., ne sont plus un moyen objectif de trouver des infos postées par de sympathiques internautes. Tout au contraire, elles sont « polluées » par des hordes d'internautes – parfois dûment rémunérés – venant y dire du bien ou du mal avec des intentions parfois malveillantes.

C'est par exemple le cas pour les grandes écoles de commerce françaises, qui se livrent une lutte sans merci pour recruter les meilleurs élèves de prépas. Constatant que « les forums d'étudiants et le web, en général, sont confrontés à des manœuvres de désinformation tout au long de l'année », l'EM Lyon, l'ESC Rennes School of Business, l'ICN Nancy-Metz et l'EM Strasbourg ont signé en 2011 une charte éthique. Elles se sont engagées « à ne jamais créer de faux utilisateurs animés par un membre de notre administration visant à se faire passer pour un étudiant, ou pour un étudiant d'une autre école, et ce dans le but de tenir des propos mensongers, diffamants ou injurieux » et « à ne jamais mettre en œuvre de procédés fallacieux visant à déstabiliser et discréditer une autre école et à toujours faire acte de transparence ». Ce qu'on ne peut qu'approuver, tout en ne pouvant s'empêcher d'avoir un peu froid dans le dos sur ce qui se pratique sur la toile.

CHAPITRE 7

Génération internationale

À bien des égards, la génération Y est aussi la génération Erasmus, du nom du programme vedette d'études en Europe, mais version mondiale et globale. La première pour laquelle voyages et échanges culturels est une évidence. La première pour laquelle la Nouvelle-Zélande semble à un pas de la France. « Une sorte d'*Auberge espagnole* puissance dix, qui s'est appropriée le monde et va s'y déplacer toute sa vie », s'enthousiasme Pascal Morand, directeur d'ESCP Europe, une grande école qui compte en son sein autant de Français que d'étrangers. « L'international est leur terrain de jeux », renchérit Jean-François Fiorina, directeur de l'ESC Grenoble, qui voit ses étudiants partir aux quatre coins de la planète et constate que « c'est totalement naturel pour eux de décider en deux secondes de prendre un billet pour Prague avec Easyjet ou Ryanair alors que pour notre génération [il est né en 1964], c'était un privilège d'aller à l'étranger. »

Pour rester en contact, ses étudiants organisent ce qu'ils appellent des "repas Skype". Le principe est simple : avec le décalage horaire, certains petit-déjeunent, d'autres déjeunent, d'autres enfin dînent ensemble en communiquant par Skype. « Ils sont toujours prêts à abandonner un emploi pour se lancer dans un projet, notamment s'il s'agit de voyager et découvrir d'autres cultures », conclut Anne Stéfanini, directrice de l'école de commerce Novancia à Paris. Tous construisent une nouvelle citoyenneté internationale. Bienvenue dans la *world generation* !

LES JEUNES FRANÇAIS VOYAGENT

Avec plus de 30 000 étudiants bénéficiaires, la France est parmi les nations championnes d'Europe de la mobilité Erasmus. On est bien loin de l'image du Français casanier ! « Nos étudiants n'ont pas peur de partir, et loin, puisque ce sont d'abord les États-Unis et le Canada qui sont plébiscités, puis, à égalité, l'Amérique latine et l'Asie, et seulement ensuite les pays européens », remarque Françoise Rey, directrice du programme grande école de l'Essec, l'une des toutes premières écoles de commerce françaises. « Ils sont même très demandeurs et nous avons de plus en plus de "multirécidivistes" qui cumulent jusqu'à un an de séjour à l'étranger », confie Serge Bastide, responsable des relations internationales de l'École des Mines d'Alès.

Six mois au Japon, autant à Singapour, trois mois dans l'immobilier à Londres, un trimestre à l'université de Rome, ce n'est pas un parcours de découverte du monde mais celui d'une étudiante de l'Essec de la promotion 2011. « On ne peut pas dire qu'elle soit tout à fait typique. Peu réussissent comme elles à cumuler plus de deux ans d'expérience internationale dans leur cursus. Mais elle est dans la logique des parcours que nous voyons aujourd'hui pour parfaire un profil international », reprend Françoise Rey. Pour assurer cette dimension internationale, certains cursus sont effectués à 100 % en anglais, comme à l'ESC Rennes School of Business, une grande école dont 80 % des professeurs sont étrangers. À l'image de l'Essec, les périodes de cours ou de stages à l'étranger sont enfin devenues obligatoires dans les grandes écoles de management, avec des durées qui vont de six mois à un an.

Ce n'est pas encore le cas dans toutes les écoles d'ingénieurs, même si la plupart des étudiants ont aujourd'hui au moins une petite expérience internationale. « Tous nos élèves suivent maintenant au moins un semestre à l'étranger et un tiers une année complète », précise Alain Bravo, directeur général de Supélec, école en pointe sur le sujet. « Que ce soit en stage dans une entreprise ou dans une université, nous demandons à tous nos élèves de partir au moins trois mois », explique de son côté Serge Bastide.

À l'Université, tout dépend de l'inclination plus ou moins internationale des filières, même si les programmes Erasmus permettent à presque tous les étudiants d'avoir leur chance de partir en Europe. Enfin, les élèves de BTS et de DUT ont souvent beaucoup de mal à s'expatrier en raison de leur niveau d'études. Les Universités préfèrent en effet des étudiants plus murs, au moins déjà en licence ou en première année de master. Mais ce n'est pas impossible pour autant, et même parfois dans le cadre d'un cursus en alternance. En résumé, tous les étudiants ont aujourd'hui potentiellement la chance de partir faire une expérience à l'étranger pendant leur cursus mais pour certains – souvent les plus aisés –, c'est devenu naturel quand pour d'autres – de catégories sociales moins favorisées –, cela reste encore l'exception.

Ils sont partis à l'étranger

> Un problème avec mon séjour Erasmus ? Oui : le retour, et laisser là-bas des amis, des attaches, un amour. Et, oui, aussi lorsque dans une partie de scooter des neiges, je suis tombée dans un lac gelé.

Partie à Stockholm toute une année scolaire dans le cadre de sa première année de master d'histoire à Paris-IV La Sorbonne, Laelia se félicite à cent pour cent de son séjour suédois : « Les conditions d'études sont optimales et en plus, beaucoup de cours sont en anglais ». Même regard plein d'étincelles de la part de ces étudiants de l'ESC Rennes School of Business partis un peu partout en Europe, amusés de voir à quel point les étudiants pouvaient se comporter différemment selon leur origine :

> On nous voyait, nous les Français, comme de gros fêtards. Il y avait une sorte de groupe "latin" composé d'Espagnols, d'Italiens ou de Mexicains, qui s'amusait beaucoup quand d'autres, Asiatiques ou de l'Europe du Nord, ne pensaient qu'à bosser.

Laelia elle se souvient que son seul problème sur place fut finalement de trouver un logement :

> Vu la demande, ils étaient accordés par tirage au sort et je n'ai pas été prise. Il ne m'a en fait fallu que deux jours pour en trouver un dans Stockholm pour à peine 300 euros par mois, la moitié de Paris.

En colocation avec deux Suédois, elle en a aussi profité pour vraiment s'intégrer dans la vie locale et apprendre la langue. Ce que peu d'étudiants font, malheureusement, dans un univers de plus en plus anglicisé. « Nous ne demandons pas aux étudiants étrangers qui viennent chez nous de parler français puisque tous les cours sont en anglais », explique ainsi Olivier Aptel, directeur de l'ESC Rennes School of Business, qui constate qu'heureusement, ils s'y mettent « tout simplement pour mener une vie sociale ».

PARTIR ET... Y RESTER

Pour analyser leur séjour et en faire profiter les promotions suivantes, l'Essec demande à ses élèves expatriés de rédiger un « rapport d'étonnement » à leur retour en France. « Je peux vous dire qu'au retour de trois mois en Chine dans une start-up, nos étudiants sont scotchés par le dynamisme des jeunes Chinois », commente Françoise Rey :

> Comment voulez-vous ne pas être transformé quand, dans le cadre de notre cursus apprentissage, vous avez passé six mois chez Total à Chicago, enchaîné là-bas par six mois de cours au sein de la Booth School of Business et êtes reparti, toujours chez Total, à Doha au Quatar ? Des cursus comme celui-là, nous en avons beaucoup aujourd'hui. Il n'y a plus deux étudiants pareils !

S'expatrier change vite leur vision du monde. « Dans un environnement multiculturel, nos étudiants comprennent vite comment concevoir un produit en Europe, en faire construire les composants à Taïwan et les assembler en Chine », explique

Alain Bravo. Le tout parfois sans bouger de leur clavier : « En faisant travailler ensemble nos étudiants par visioconférences sur des projets alors qu'ils sont à Lille, Suzhou ou Raleigh aux États-Unis, nous leur apprenons à devenir de futurs chefs de projet en réseau », constate Alice Guilhon, directrice générale de Skema Business School, une école de commerce implantée à Lille, Nice et Paris.

Le problème est même parfois de faire rentrer ces étudiants chez eux. Anne Salles, qui coordonne Erasmus pour la filière langues étrangères appliquées de Paris IV, raconte :

> Quand je dirigeais le programme Erasmus à l'université de Boulogne-sur-Mer, un étudiant sur deux qui partait en Allemagne ne revenait pas, parce qu'il y avait trouvé l'amour. À tel point que des parents venaient me voir pour me convaincre de dissuader leurs enfants de partir !

Parce que partir, c'est souvent aussi rencontrer un futur conjoint et, souvent, ne plus revenir. En Europe, les unions conjugales entre pays deviennent monnaie courante et les enfants qui en sont issus portent un projet vraiment européen. Titulaires de deux langues, la maternelle et la paternelle, ils possèdent un avantage spectaculaire sur tous les autres jeunes et sont de plus en plus représentés dans les grandes écoles et les cursus d'élite européens. Mais aujourd'hui, ce sont des couples encore plus éloignés qui voient peu à peu le jour : du Mexique à la Corée du Sud en passant par la Turquie, ils sont l'avant-garde de la génération mondialisée.

DE PLUS EN PLUS D'ÉTRANGERS SUR LES CAMPUS FRANÇAIS

La France est attractive pour les étudiants venus du monde entier. Avec de près de 12 % d'étrangers sur ses campus, son pourcentage d'accueil n'est même dépassé dans le monde que par le Royaume-Uni et surtout l'Australie, qui reçoit autant d'étudiants étrangers que la France pour trois fois moins d'habitants. Pour autant, ce sont toujours les États-Unis qui reçoivent le plus grand volume d'étudiants étrangers. Si ce succès est d'abord dû à l'attractivité de la France pour les jeunes du Maghreb et d'Afrique, il est corroboré dans certains domaines par la reconnaissance d'une excellence mondiale. C'est notamment le cas d'écoles de management – une appellation que préfèrent les écoles à celle de « commerce » –, qui occupent les premières places dans le classement de référence qu'effectue chaque année le Financial Times[1]. En 2011, HEC s'y classe ainsi première européenne pour la sixième année consécutive. Et c'est une autre école française, l'Insead, qui occupe la deuxième place. Au total, seul le Royaume-Uni a plus d'établissements classés que le France : 21 contre 18. C'est une chance extraordinaire pour les étudiants français de bénéficier de conditions d'études que le monde entier nous envie, avec une part importante donnée aux stages sans pour autant négliger la recherche.

1. http://rankings.ft.com/businessschoolrankings/european-business-school-rankings-2011

Résultat de cette excellence reconnue mondialement, ces 12 % sont largement supérieurs dans les écoles de management.

> Elles sont devenues de plus en plus internationales, elles sont même celles qui le sont le plus dans le monde, et le seront encore plus à l'avenir. Quand on approche les 40 % d'étrangers, la physionomie d'un campus change complètement, les étudiants comprennent vraiment comment ils devront travailler dans des entreprises elles-mêmes mondialisées,

commente Pierre Tapie, président de la Conférence des grandes écoles et directeur général de l'Essec, qui compte 1 600 étrangers sur ses 4 300 étudiants et dont les concurrents s'appellent aujourd'hui London Business School, l'espagnole Iese et les grandes *business schools* américaines. Et Alice Guilhon de renchérir : « Même sans partir à l'étranger, avec 35 % d'étudiants d'origine étrangère sur nos campus, nos étudiants savent ce qu'est le multiculturalisme ».

C'est encore plus le cas pour les doctorants : par exemple, plus de la moitié des 260 qui étudient à Supélec sont étrangers. Quant à l'INSA Lyon, la moitié de ses étudiants évolue dans un véritable bain international dès leur première année en rejoignant l'une de ses quatre filières internationales. Selon Éric Maurincomme, son directeur,

> Dans Asinsa, filière Asie de l'INSA Lyon, vous avez ainsi environ 50 % d'étudiants venus de Chine, Vietnam, Malaisie, Inde, Singapour ou encore Thaïlande. À la fin de leur première année, les élèves français effectuent un stage ouvrier d'un mois minimum en Asie, vous imaginez le dépaysement !

Graduate programs *et VIE*

La plupart des grandes entreprises mondiales organisent également des programmes d'insertion de leurs futurs cadres internationaux. « Ces *graduate programs* sont généralement ouverts à des étudiants diplômés de master et durent deux à trois ans pendant lesquels les jeunes vont travailler dans plusieurs pays », explique Manuelle Malot, directrice carrières et prospectives de l'Edhec[1]. Rémunérés comme pour un poste normal, les jeunes sélectionnés bénéficient en sus de formations techniques et managériales qui feront d'eux des futurs cadres de haut potentiel. Le Volontariat international en entreprise (VIE)[2] est un autre excellent moyen de commencer un parcours international. Pendant 6 à 24 mois, les jeunes diplômés signent un CDD avec une entreprise et peuvent alors travailler dans le monde entier (en moyenne, 45 % des VIE sont effectués en Europe).

APPRENDRE À TRAVAILLER EN COMMUN

L'une des clés du succès des entreprises innovantes est la diversité de leurs équipes, qui permet de confronter des points de vue différents et, progressivement, d'aborder les problèmes sous un angle nouveau pour développer des solutions

1. Elle est l'auteur du *Guide du recrutement international*, Éditions A2C médias, 2011.
2. Plus d'information sur www.civiweb.com

inattendues. « C'est l'une des grandes forces d'ESCP Europe de proposer à ses élèves un environnement où 50 % des promotions sont constituées de non-Français, dont une moitié de non Européens », se réjouit Delphine Manceau, qui dirige l'Institut pour l'innovation et la compétitivité créé par ESCP Europe et la Fondation Europe+.

Pour favoriser l'osmose entre tous, l'école demande à ses élèves à travailler dans des équipes qui comptent au moins trois nationalités (sur un groupe de cinq). Delphine Manceau ajoute :

> Au début, ils ont du mal à travailler ensemble, ils trouvent que cela leur prend plus de temps, mais ils se rendent vite compte qu'ils sont ainsi beaucoup plus créatifs. Sans compter que c'est important pour le déroulement de leur future carrière de savoir travailler dans un environnement multiculturel.

Un environnement dans lequel les jeunes de la génération Y, passionnés de voyages, nettement meilleurs en langues que leurs aînés, s'intègrent parfaitement bien.

> Nous attendons de nos jeunes recrues évidemment de fortes compétences techniques. Mais ensuite, un entretien nous permettra de valider si le candidat a ou non l'esprit innovant et international que nous recherchons pour être capable de travailler dans un environnement multiculturel,

explique Mikael Butterbach, responsable de réseau marketing emploi d'EADS et directeur du recrutement d'Airbus. C'est aussi là qu'il faut faire les preuves de son niveau en langues. Ce qui provoque parfois de belles surprises chez les recruteurs, même chez certains hyper-diplômés.

> Nous recevons parfois de jeunes diplômés de haut niveau, excellents à l'écrit, mais qui seraient incapables de participer à une réunion ou de décrocher leur téléphone en anglais ! Dans cette optique, avoir passé six mois à un an en stage à l'étranger est un atout déterminant, qui démontre également une capacité à partir en mission,

commente Jean-Marc Mickeler, associé au sein du cabinet de conseil Deloitte, où il est responsable de la marque employeur.

S'EXPATRIER POUR DAVANTAGE DE RESPONSABILITÉS

Partir à l'étranger, c'est aussi l'occasion d'avoir vite plus de responsabilités. Si les grandes entreprises ont réduit le nombre des expatriations « sénior » – celles qui coutent cher quand il faut loger et scolariser toute une famille –, elles envoient de plus en plus de jeunes à l'étranger dans les trois ans qui suivent leur embauche. C'est l'occasion pour eux de faire leurs preuves. « Ils y passent en moyenne cinq ans mais beaucoup y restent toute leur vie », explique Olivier Aptel, directeur de Rennes Schoof of Business, dont un quart des diplômés est aujourd'hui en poste à l'étranger.

L'expatriation ne se résume d'ailleurs pas à Tokyo ou New York. Ce peut être aussi le Kazakhstan ou la Colombie, et l'enthousiasme du jeune diplômé en quête de grands espaces peut en prendre en coup, comme le constate Jean-Marc Mickeler : « Quand on leur propose certaines destinations, des jeunes diplômés qui se disaient ravis de s'expatrier en ont tout de suite moins envie ! » Quitter son copain ou sa copine, ce n'est déjà pas facile, alors quand c'est pour les steppes d'Asie centrale…

Une fois parti, l'expatriation se révèle la plupart du temps une superbe expérience. Mais de nombreux jeunes expatriés ont beaucoup de mal à rentrer en France et à se couler dans un quotidien dans lequel ils se sentent contraints par une hiérarchie pesante, alors qu'ils ont pu parfois exercer de grandes responsabilités dès avant leurs trente ans à l'étranger.

Diplômé d'un master de gestion, Hugo a ainsi parcouru le monde, de la Colombie au Qatar en passant par le Venezuela et le Canada, où il a obtenu un MBA : « J'adore revenir en France pour les vacances et revoir mes parents mais je ne me vois plus y habiter. À l'étranger, on nous fait incroyablement plus confiance », se félicite celui qui a dirigé tout jeune la filiale d'un grand de l'agro-alimentaire en Colombie : 400 employés et un marché national, à l'âge où, en France, on n'est encore que chef de produit.

Chapitre 8

La génération Y et l'entreprise : le grand malentendu

> « Je ne vous ai pas appelé pour vous dire que je ne venais pas hier, je n'ai plus de forfait. »
>
> « Je ne viendrai pas demain car je suis choqué par la mort de Michael Jackson. »
>
> « Je suis obligé de répondre ? » (en entretien de recrutement)
>
> « Chef, vous pouvez me faire une lettre de référence ? J'ai eu un entretien de recrutement hier et ça s'est bien passé. »
>
> « Demain, je ne viens pas, tu préfères que je prenne ça en congés payés ou en arrêt-maladie ? »

Ces cinq savoureuses « perles de Y » sont issues du site[1] spécialisé dans les Y d'un spécialiste du sujet, Benjamin Chaminade. Ce dernier nous met en garde, néanmoins, de « transformer en règle absolue les histoires que vous avez entendues sur les Y ». Mais ce qui est vrai, c'est que les Y savent qu'ils ne passeront pas toute leur vie dans la même

1. www.generationy20.com

entreprise et, paradoxalement, veulent s'y épanouir. Ils veulent travailler mais pas à n'importe quel prix. Ils veulent réussir mais garder un certain confort de vie. Enfin, ils investissent beaucoup dans la qualité des rapports humains.

Mais attention, avec la montée de la crise dans les pays occidentaux, les comportements évoluent. Fin 2011, le cabinet Universum[1], spécialisé dans la communication entre les étudiants et les employeurs, a ainsi constaté que les futurs ingénieurs du monde entier mettaient maintenant la « sécurité de l'emploi » au troisième rang de ce qu'ils attendaient de l'entreprise. Si les futurs diplômés en commerce/management ne placent encore cet item qu'au sixième rang, la progression est nette dans les deux cas. Même l'avant-garde de la génération Y, ces ingénieurs et managers que les entreprises s'arrachent, commence à s'interroger sur la pertinence de retrouver une certaine sécurité. L'ère de ce qu'on a pu appeler le « salarié mercenaire » est loin d'être terminée, mais certains commencent à se demander ce qu'il adviendra d'eux à quarante ans, quand la bise sera venue… Le Y de 2012 risque d'être très différent de celui de 2008. Interrogés sur leurs attentes de l'entreprise, ces étudiants d'une grande école réputée répondent ainsi d'abord : qu'elle « nous embauche »…

1. Étude sur « Les entreprises préférées des étudiants », accessible sur www.universumglobal.com

DONNANT, DONNANT

« Que dire à une génération qui dit avoir “besoin d'aimer et d'être aimé” par ses supérieurs ? Qui veut vivre une relation de quasi-égalité avec eux ? Qui refuse en tout cas l'autorité pour l'autorité et veut que tout lui soit expliqué ? », se demande Anne Dhoquois, auteur de *Premier emploi : quand les jeunes racontent*[1], qui fait également remarquer que, « souvent, les PME se débrouillent mieux que les grandes entreprises car elles ont une grande culture de l'intégration ». Et elles ont tout à y gagner car ces jeunes qu'elle a rencontrés sont « prêts à s'investir énormément, autonomes et créatifs tout en sachant travailler en équipe ».

Mais à condition d'être certains d'y trouver leur compte ! Si l'entreprise qui emploie un Y veut qu'elle en fasse plus, il faut que cela soit toujours dans un contexte d'échanges. Les DRH l'appellent d'ailleurs parfois la « génération contrat ». D'autres estiment que l'embauche d'un jeune se rapproche d'un « acte de vente ». Quel que soit le vocabulaire employé, il exprime bien que l'entreprise se doit aujourd'hui de présenter de façon précise l'emploi qu'elle propose et ceci, dans toutes les dimensions. Plus d'un recruteur en est dérouté. Celui-ci s'insurge :

> Tout se passait bien pendant cet entretien et je pensais l'embaucher quand elle m'a demandé si on pouvait partir plus tôt le vendredi après-midi. Mais quelle question ! Évidemment, je ne l'ai pas recrutée.

1. Anne Dhoquois, *Premier emploi : quand les jeunes racontent*, Autrement, 2010.

Incompréhensible, voire choquante pour les générations précédentes, voici une question naturelle pour un Y...

Il s'agit bien d'un nouveau paradigme pour l'entreprise, que résume ainsi la spécialiste canadienne des ressources humaines et professeur à HEC Montréal Anne Bourhis[1] :

> Les jeunes sont capables de se mobiliser autour d'un projet, mais ils veulent le faire selon des conditions qu'ils fixent eux-mêmes. Ils sont prêts à bosser soixante-dix heures par semaine quand le travail l'exige mais, en retour, ils veulent être capables de prendre leur vendredi quand ça leur chante. Ils sont prêts à donner d'un côté, mais ils veulent certainement recevoir de l'autre.

Et cela, l'entreprise a eu un peu trop tendance à l'oublier, tant elle a su exploiter la peur du chômage pendant de longues années.

UNE NOUVELLE « VALEUR » TRAVAIL

Tout en constatant qu'elle accorde autant d'importance au travail que les précédentes, les sociologues Dominique Méda et Patricia Vendramin[2] vont jusqu'à dire que la jeune génération est « peut-être en train de dessiner les traits d'une nouvelle conception du travail ». L'accroissement du niveau

1. Dans « Les "C" en tant que travailleurs » (au Québec, on appelle les « C » les 15-24 ans), publié par l'organisme québécois spécialisé dans les technologies de l'information CEFRIO et téléchargeable sur son site www.cefrio.qc.ca

2. Dans un passionnant texte de la revue *Sociologies* (PUF) intitulé : « Les générations entretiennent-elles un rapport différent au travail ? » (http://sociologies.revues.org/index3349.html)

de qualification tend selon eux au développement d'attentes « plus élevées en termes de développement personnel à travers le travail ». Ce que l'ancienne ministre du Travail portugaise et chercheuse Maria João Rodriguez résume ainsi :

> Les jeunes veulent un travail payé mais surtout signifiant. C'est la génération la mieux éduquée qu'on ait jamais vue, mais les entreprises ne savent pas toujours qu'en faire. Plutôt qu'essayer de les faire entrer dans des processus existants, il faudrait mieux se demander quels produits et services plus évolués on pourrait produire avec eux.

Et l'économiste Philippe Eskenazy d'enfoncer le clou :

> Les jeunes n'attendent pas qu'on donne un sens à leur travail. Ils ne croient plus dans les discours et cherchent simplement un travail en fonction de leur haut niveau de qualification, c'est-à-dire le travail le plus productif possible.

Le sociologue Michel Maffesoli va plus loin encore quand il estime que « le travail n'est plus un mot pertinent et qu'il faut aujourd'hui parler de création, si l'on veut faire émerger les énergies juvéniles »[1]. La jeune génération veut se réaliser et fait preuve d'une créativité exacerbée. Cette forte demande de sens n'est pas exclusive au travail. Les jeunes veulent que leur travail leurs permette de s'épanouir dans toutes leurs dimensions. C'est ce que Dominique Méda et Patricia Vendramin

1. Les propos de Maria João Rodriguez, Philippe Eskenazy et Michel Maffesoli ont été tenus lors de la sixième édition des « États de la France » en novembre 2011 (www.lesetatsdelafrance.com). Michel Maffesoli s'exprime longuement dans un entretien qu'il a donné à *Marianne* en 2010 (http://www.marianne2.fr/Michel-Maffesoli-on-assiste-au-retour-des-tribus_a189566.html).

appellent une conception polycentrique de l'existence, soit organisée autour de plusieurs centres (le travail, la famille, les relations amoureuses, les loisirs, l'engagement...).

Le corollaire de cette volonté de liberté est une certaine précarité :

> Les jeunes recherchent une cohérence entre le travail et la vie en termes de sens et de valeurs, ce qui les amène, relativement souvent, à préférer l'insécurité dans un emploi qui a du sens plutôt que la stabilité dans un travail qui n'en a pas. Ils ont moins peur de l'instabilité que les générations précédentes ; ils semblent envisager la précarité comme un événement « normal » mais transitoire,

constatent encore Dominique Méda et Patricia Vendramin. Ce que les entreprises ont-elles bien du mal à comprendre : comment un jeune peut-il quitter un emploi bien payé alors qu'on ne parle que de chômage partout ?

Quelles sont les aspirations des jeunes salariés ?

S'ils veulent s'épanouir dans leur travail, les jeunes salariés y sont quand même avant tout pour gagner leur vie. C'est l'un des enseignements de l'étude « Les 20/30 ans et le travail : regards croisés des jeunes salariés et des DRH » menée en 2009 par la Cegos, l'une des principales entreprises de formation pour les adultes. À la question : « Travailler répond d'abord à quel besoin ? », ils sont en effet 64 % à répondre en premier : « Avoir un revenu et de l'argent », loin devant : « s'épanouir, se réaliser » (15 %) et : « donner un sens à la vie » (5 %). Le travail serait-il seulement un moyen de réaliser autre chose ? Quand on leur demande : « Dans la vie, qu'est-ce qui est important pour vous ? », ils ne sont en tout cas que 6 % à répondre en premier le travail contre 78 % la vie de famille.

En 2009, une tribune très remarquée, intitulée « La "génération Y" en a assez des "pourquoi ?" » [1], résumait ainsi la situation et la perception de jeunes agacés qu'on leur demande toujours pourquoi ils sont rétifs à s'engager dans l'entreprise :

> On a commencés comme stagiaires, on a été trop diplômés pour le poste, ou manquant d'expérience, on nous embauche pour remplacer certaines fonctions sans en recevoir le salaire, alors donner aveuglément notre loyauté, il ne faut pas rêver non plus. Nous sommes la génération du chômage de masse, des plans sociaux et des conflits où il y a un peu à préserver, rien à gagner. Arrêtons les discours faussement paternalistes sur l'accomplissement de soi en entreprise : une société fait du business, pas de la philanthropie. Nous venons travailler pour chercher à manger et un peu plus si possible. Si en plus on s'épanouit dans notre travail, c'est formidable mais pas indispensable. Et d'ailleurs, nous donne-t-on du champ pour cela ? Nous fait-on confiance ? Prend-on des risques en nous confiant certaines missions, certaines responsabilités ? Nous n'en avons pas l'impression. L'époque des bons petits soldats obéissants est révolue, il va falloir faire avec une génération moins niaise, moins enthousiaste sur les repères traditionnels, mais qui a d'autres richesses et valeurs à partager.

Qu'ajouter à cela ?

1. Publiée par Enikao sur le site Owni (http://owni.fr/2009/05/10/la-generation-y-en-a-assez-des-pourquoi), cette tribune aborde aussi la question de l'attitude Y à l'égard de la politique. À lire absolument.

PAS D'ILLUSION SUR L'ENTREPRISE

L'une des principales caractéristiques de la génération Y vis-à-vis de l'entreprise est d'être les enfants d'une génération qui a payé pour savoir que l'entreprise n'a que peu d'obligation morale envers ses salariés. Licencié, ballottés, les parents des Y leur ont démontré par l'exemple qu'il ne fallait pas se surinvestir dans son rapport à l'entreprise. « Les jeunes que nous formons aujourd'hui ne cherchent pas l'emploi à vie ; ils savent que c'est aujourd'hui impossible », confirme Anne Stéfanini, directrice de l'école de commerce Novancia. Dans un sondage[1] effectué par l'Ifop en 2011 auprès de jeunes diplômés, 54 % déclarent ne pas se voir pas dans la même entreprise d'ici à cinq ans. Aux États-Unis, des spécialistes du recrutement vont jusqu'à expliquer qu'un Y américain devra changer d'employeur vingt-neuf fois au cours de sa carrière et que sa durée moyenne dans l'emploi sera d'un peu plus d'un an ! Difficile alors de se donner à fond...

On en est encore loin en France mais, comme l'explique Jean Pralong[2], responsable de la chaire Nouvelle carrière de Rouen Business School :

> Les DRH ne peuvent pas d'un côté regretter que les jeunes ne s'impliquent pas et, de l'autre, professer que l'emploi à vie est fini et qu'il faut assouplir les règles du CDI.

1. « L'Observatoire des jeunes actifs » de Start People, une agence de recherche d'emploi, est consultable sur www.startpeople.fr
2. Retrouvez ses analyses sur son blog www.nouvelles-carrieres.fr

Selon lui, il s'agit alors d'un « problème général de relations de l'entreprise avec ses salariés », dans lequel les jeunes se sentent encore plus sacrifiés que leurs aînés. « La menace diffuse de la perte de l'emploi génère de l'angoisse pour rien alors qu'en fait, les entreprises gardent leurs employés sur le long terme », constate-t-il.

Mais Jean Pralong déplore également l'utilisation bien pratique que font certains de la notion même de génération Y dans l'entreprise :

> Les managers qui "y croient" [à la génération Y] ont deux caractéristiques : ils ont des difficultés managériales et ils ont reçu une information sur la génération Y. Conclusion : la formation qu'ils ont reçue sur le sujet leur a fourni une théorie ; la "génération Y" est l'explication qu'ils donnent à leurs difficultés. C'est une explication confortable : elle nomme des boucs-émissaires. Les difficultés ne viennent pas des compétences des managers mais des caractéristiques des managés.

DES DÉBUTS SOUVENT DIFFICILES

On le rappelle souvent : plus de 23 % des actifs de moins de 24 ans sont au chômage, loin devant une moyenne européenne qui était de 18,4 % en 2009. Mais attention, on parle bien d'actifs, c'est-à-dire d'un tiers seulement (32,2 %) des 15-24 ans alors qu'ils sont 41 % dans le reste de l'Union européenne à travailler à cet âge. Le chômage global des Français de moins de 24 ans – y compris les lycéens et les étudiants – est plus proche de la moyenne européenne : 7,1 % contre 6,9 %. Mais un autre indicateur européen donne une image différente de la situation. Créé en 2010, le NEET mesure le pourcentage des jeunes qui ne sont ni en emploi, ni en formation : il représentait 14,9 % des 15-29 ans en 2010.

Les débuts des jeunes Français sur le marché de l'emploi n'en sont pas moins semés d'embuches[1]. L'Observatoire des jeunes actifs (20-30 ans) de l'Ifop souligne qu'en 2009, 61 % des 20-30 ans interrogés avaient connu une période de chômage depuis la fin de leur scolarité. Un taux plus élevé chez les femmes (66 %) que chez les hommes (56 %). Pour autant, 65 % des jeunes interrogés à l'époque – la crise avait pourtant démarré – pensaient qu'il était facile, voire très facile de trouver un premier emploi. Cette même enquête montrait également que si 68 % des jeunes actifs étaient en CDI, ils n'avaient été que 28 % à être embauchés en CDI lors de leur premier emploi. Pour 43 % des jeunes actifs, le CDD est la porte d'entrée dans l'entreprise, alors qu'ils sont 23 % à avoir d'abord obtenu un contrat d'intérim. La génération Y est également la « génération CDD ».

PEUR DU CHÔMAGE ? PAS TANT QUE ÇA...

Dans l'entreprise, l'angoisse latente du chômage, de la « mise au placard », sont-ils des *stimuli* ou, au contraire, des « tue l'espoir » qui démotivent des salariés au rythme d'un « tout ça pour ça... » latent ? Des jeunes n'hésitent pourtant pas à quitter des postes bien rémunérés pour reprendre leurs

1. Sur le sujet, lire l'étude de l'Institut Montaigne : « 15 propositions pour l'emploi des jeunes et des seniors » (www.institutmontaigne.org).

études ou faire le tour du monde. Benjamin Chaminade, qui s'est fait une spécialité de conseiller les entreprises stressées devant le comportement de leurs plus jeunes recrues, relève :

> Il y a encore cinq ans, on ne voyait ça que pour des bac + 5 très sûrs d'eux. Aujourd'hui, j'entends que cela se répand et que même des titulaires de BTS ou de DUT n'hésitent plus, eux aussi, à prendre une année sabbatique.

Pour écrire *Premier emploi : quand les jeunes racontent*[1], Anne Dhoquois est allée à la rencontre de jeunes de 19 à 28 ans. Elle se souvient particulièrement de ce jeune mécanicien qui lui disait : « Mon patron m'a choisi mais moi aussi, je l'ai choisi » :

> Les jeunes savent qu'ils ont beaucoup à apprendre à leur hiérarchie, comme ils ont beaucoup appris à leurs parents, que ce soit sur le maniement des réseaux sociaux ou des logiciels. Ils ont confiance dans leurs capacités et sont prêts à partir faire un tour du monde s'ils sentent qu'ils ne s'épanouissent pas dans leur environnement de travail.

C'est aussi pour cela qu'ils songent souvent à créer leur propre entreprise ou association.

DES ENTREPRISES DÉSEMPARÉES

Ce désamour de l'entreprise ne date pas d'hier. Il suffit de se plonger dans la bible de la précédente génération, le célèbre

1. Anne Dhoquois, *Premier emploi : quand les jeunes racontent*, *op. cit.*

Génération X de Douglas Coupland[1], pour trouver déjà ce même retrait vis-à-vis de l'entreprise. On y lit ce commentaire du supérieur hiérarchique du héros :

> Je ne vous comprends pas, vous les jeunes. Y a pas un boulot qui vous plaise. Vous déprimez, vous râlez que les boulots ne sont pas assez créatifs, qu'ils ne mènent à rien, et quand finalement on vous donne un bon poste, vous fichez le camp pour aller faire les vendanges au Queensland ou Dieu sait quelle ineptie.

Une phrase que ne renieraient pas de nombreux DRH actuels. Benjamin Chaminade l'explique :

> Quand je leur propose [aux seniors] de définir les plus jeunes par une liste d'adjectifs, la colonne des négatifs se remplit très vite et ils ont bien du mal à en trouver deux positifs, le plus généralement qu'ils sont "technophiles" et "inventifs". Heureusement, après quelques heures de réunion, ils comprennent que c'est une génération passionnée et qu'il ne faut pas se focaliser sur les 10 % qui ne sont pas motivés.

Mais ces dix pour cent suffisent à faire très peur aux entreprises quand elles constatent que leur comportement parfois négligent est contagieux dans l'entreprise.

> Les DRH acceptent certains comportements chez les plus jeunes, notamment sur les horaires, que les aînés revendiquent ensuite pour eux. Mais c'est quand même difficile d'entendre dire "Je suis en retard mais c'est normal, je suis un Y".

1. Douglas Coupland, *Génération X*, *op. cit.*

Individualiste, l'Y a tendance à considérer que c'est de sa propre vie qu'il s'agit sans se soucier d'un équilibre traditionnel de l'entreprise largement fondé sur les horaires. Pour éviter tout reproche à ce sujet, il pourra même revendiquer ce que les générations précédentes honnissaient : une badgeuse lui permettant de venir et de repartir quand il le souhaite tout en respectant la durée légale du travail.

« Ils n'ont pas besoin de montrer qu'ils sont encore au bureau tard le vendredi soir, pas plus que de se vanter d'avoir travaillé le week-end », se félicite Cathy Lemer, docteur en psychologie et coach spécialisée dans les jeunes : « X et Y ont des cultures profondément différentes et les X ne peuvent pas simplement demander aux Y de s'adapter à la leur ». Les X qui les dirigent ne doivent jamais l'oublier. « Comment voulez-vous les motiver à venir tôt le matin à des réunions si importantes qu'on n'en lit le compte-rendu que six mois plus tard ? », s'interroge encore Cathy Lemer :

> Aux managers de définir quelles sont les heures où tout le monde doit absolument être là pour qu'aient lieu les réunions d'équipes. Et quant à faire, que ce ne soit pas tôt le matin ou tard le soir, comme s'amusent bien souvent à la faire des X entièrement dévoués à leur tâche mais pas bien à l'écoute de leurs collaborateurs…

ÊTRE EFFICACE !

Ce rapport au temps et à l'efficacité, l'organisme québécois spécialisé dans les technologies de l'information, le CEFRIO, le résume ainsi[1] :

> Pour les travailleurs des générations précédentes, un employé sérieux se doit d'être ponctuel et présent au bureau de neuf à cinq (voire plus longtemps encore). [...] Les « C » ont appris qu'il leur est possible d'être très performants en travaillant depuis un café plutôt qu'à la bibliothèque, ou en collaborant virtuellement avec leurs collègues plutôt qu'en multipliant les (interminables) réunions de travail traditionnelles. Les TIC[2] leur ont donné une flexibilité dont ils veulent se prévaloir.

Seule l'efficacité semble en effet importante aux Y. « Ils pensent plus à leur journée de travail en termes de productivité et de progrès au lieu de la voir comme une suite d'échéances à boucler en huit heures », explique Stéphane Parisot, responsable de l'innovation chez Volvo IT France[3]. Un Y vit et travaille vingt-quatre heures sur vingt-quatre ! Il peut souvent amener sa vie privée à son travail, ce qui agace beaucoup ses patrons, mais l'inverse est également vrai. « Pour un Y, il est normal de vérifier ses e-mails sur son smartphone le week-end si l'entreprise est capable de lui

1. « Les "C" en tant que travailleurs », article cité, consultable sur le site www.cefrio.qc.ca (au Québec on parle plus de "C" que de "Y")

2. Technologies de l'information et de la communication.

3. Stéphane Parisot, « Lever les idées fausses sur la génération Y pour une meilleure performance de l'entreprise », septembre 2011, à lire sur www.volvoit.com

apporter la flexibilité qu'il souhaite durant la semaine », rapporte encore l'expert. Mais de cela, beaucoup d'entreprises doutent encore. Dans leur volonté de clairement opposer vie sociale et vie privée, certaines vont jusqu'à couper l'accès aux réseaux sociaux sur les ordinateurs de leurs collaborateurs. Ce dont se contrefichent d'ailleurs des adaptes du smartphone, qui en profitent pour chatter.

Mais le mal est fait. L'entreprise risque de s'enfoncer dans un véritable déni de la réalité et de ne pas s'adapter aux nouveaux usages. « Les entreprises très strictes sur le respect de la hiérarchie et du règlement sont particulièrement vulnérables », explique Thierry Mennesson, directeur mondial du conseil en stratégie informatique d'Accenture[1]. Le bouche à oreille aidant, les profils les plus talentueux se détournent rapidement de ces entreprises.

> Nous assistons à l'émergence d'un fossé entre les entreprises visionnaires d'une part, et les formalistes d'autre part. Les premières sont conscientes que la génération Y bouscule les pratiques technologiques sur le lieu de travail. Elles font face en acceptant le changement, creusant ainsi davantage l'écart avec leurs homologues plus conformistes.

DES DRH DÉPASSÉS

Il est des citations qui en disent beaucoup sur ceux qui emploient les Y. Dans un document intitulé « Place aux

1. En commentant le document « Génération Y et nouvelles technologies : les entreprises doivent s'adapter » à lire sur http://www.accenture.com/fr-fr/company/newsroom-france/Pages/160210-news.aspx

jeunes : question de management » [1], le Medef et l'Andrh mettaient ainsi en épigraphe cette phrase de Platon dans *La République* pour introduire le chapitre consacré à l'autorité :

> Lorsque les pères s'habituent à laisser faire les enfants, lorsque les fils ne tiennent plus compte de leurs paroles, lorsque les maîtres tremblent devant leurs élèves et préfèrent les flatter, lorsque finalement les jeunes méprisent les lois parce qu'ils ne reconnaissent plus au-dessus d'eux l'autorité de rien ni de personne, alors c'est là, en toute beauté et en toute jeunesse, le début de la tyrannie.

On ne saurait être plus clair : les jeunes font peur aux entreprises parce qu'ils ont perdu le sens de l'autorité, que ce soit dans leur famille ou dans leur école. Moins de 15 % des DRH estiment que le comportement des jeunes est tout à fait adapté à la vie en entreprise[2]. Un sentiment qui n'est pas du tout partagé par les jeunes puisque seulement 23 % d'entre eux déclarent avoir été confrontés à des problèmes d'intégration. Ils sont en revanche d'accord sur le principal problème : le manque de motivation. 42 % des DRH et 29 % des jeunes y voient le principal frein au public de moins de trente ans pour « s'insérer et réussir dans l'entreprise ».

Ce véritable décalage se retrouve dans le document du Medef :

1. « Place aux jeunes : question de management », édité par le Medef et l'Andrh (association nationale des DRH) en 2008, téléchargeable à http://publications.medef.com

2. Voir « Enquête sur la formation professionnelle : regards croisés DRH/Chefs d'entreprise & Jeunes », étude réalisée en 2010 par l'institut BVA pour l'Association nationale pour la formation professionnelle des adultes, auprès de chefs d'entreprises et de jeunes âgés de 18 à 30 ans (www.afpa.fr).

> Les nouvelles générations sont bien conscientes du “gap” existant entre leurs propres mœurs et coutumes, et celles exigées en entreprise. Il suffit alors de leur faire franchir le fossé, plus ou moins profond selon les cas... Une sorte de rite de passage dont ils ne sortent pas toujours indemnes et que tous n'ont pas réussi.

On est loin de l'enthousiasme devant une génération « connectée », apte à faire franchir à l'entreprise les défis du XXIe siècle. On est là plutôt face à un défi pour beaucoup d'entreprises encore trop hiérarchisées et rétives aux mutations.

Dans le même document, les experts en ressources humaines du Medef assènent encore qu'une « grande partie des jeunes embauchés ne maîtrise pas, en arrivant, les règles élémentaires de savoir-être en société et, *a fortiori*, en entreprise ». L'entreprise se doit alors de travailler sur la bonne maîtrise de compétences qui sont bien plus que seulement techniques. « Dans les entreprises, l'approche “compétences” est devenue une évidence et l'on sait parfaitement les mesurer, qu'il s'agisse de savoirs, de savoir-faire ou, de plus en plus, de savoir-être », commente Noël Bouffard, directeur délégué de Sopra group, l'un des grands acteurs français du conseil informatique. « Savoir-être », le mot est lâché. Pour un recruteur, la principale question est aujourd'hui de savoir si le jeune qui se présente devant lui, bardé de précieux diplômes, pourra ou non s'intégrer dans l'entreprise. Une faute dans un recrutement, et ce sont en effet plusieurs centaines de milliers d'euros qui sont gaspillés.

« CONSOMMATEURS D'ENTREPRISE »

Si les DRH sont inquiets à l'idée de recruter des Y moyennement motivés, les Y se demandent de leur côté s'ils vont intégrer une entreprise qui leur convient vraiment. Lors des entretiens de recrutement, « les jeunes campent volontiers sur la posture du consommateur avisé et forcément exigeant », remarquent les consultants en ressources humaines Daniel Ollivier et Catherine Tanguy dans *Génération Y, mode d'emploi*[1]. Ils vont même plus loin :

> Forts du sentiment que tout leur est dû, ils attendent, tout naturellement, que l'on déroule devant eux le tapis rouge et qu'on leur manifeste les égards dus à leur valeur.

Les experts du Medef et de l'Andrh constatent que les jeunes exigent en effet des « marques de respect très importantes de la part de leur encadrement, liées à leur besoin aigu de reconnaissance ». Stéphane Parisot explique ainsi :

> Pour un Y, le manager doit plutôt se positionner comme un facilitateur et non plus se présenter comme un simple référent technique. Le rôle du manager doit plutôt être considéré comme un accompagnateur qui va faciliter la réalisation d'un projet et non plus comme une figure hiérarchique détentrice des principes d'autorité.

Un besoin somme toute logique pour une génération qui est la plus diplômée, la mieux formée et la plus ouverte sur le

1. Daniel Ollivier et Catherine Tanguy, *Génération Y, mode d'emploi*, De Boeck, 2008.

monde qu'on n'a jamais connue. Alors, autant utiliser les Y en leur confiant des missions intéressantes qui leur permettront de montrer ce qu'ils savent faire. Après tout, on leur a aussi bien appris à être autonomes qu'à travailler en équipe et s'ils le veulent, c'est pour se réaliser et surtout ne pas s'encroûter.

GÉNÉRATION *OPEN SPACE*

Le Y n'aura connu dans son travail qu'un mode d'organisation des bureaux : l'*open space*[1], ce grand espace de travail sans cloison, où tout s'entend et se voit. S'il apprécie, par cette organisation spatiale, de pouvoir vite obtenir des réponses à ses questions, il n'en est pas moins conscient de ses limites : dans un *open space*, soit on impose son style aux autres, soit on se tait. Beaucoup préfèrent s'isoler et les ventes de casque explosent chez des salariés qui ne supportent plus les problèmes gastriques de la fille de Marlène (« Tu sais, celle à la compta qui hurle dans son téléphone »). Surtout, il est impossible d'y discuter franchement au risque d'élever la voix. La solution ? Ce que d'aucuns appellent un « bocal », un espace insonorisé où l'on prend le temps de s'engueuler (« Euh… on ne vous l'a pas dit ? Le bocal où vous étiez est le seul à ne pas être insonorisé. On a tout entendu… »). De même, oubliez la possibilité d'aller sur le Net voir le sujet qui vous intéresse : on

1. Un livre intitulé *L'open space m'a tuer* (d'Alexandre des Isnards et Thomas Zuber, Hachette, 2008) y est consacré, ainsi que le site www.lopenspacematuer.com

risque à tout moment de vous repérer – à moins que vous n'ayez eu la bonne idée d'investir dans un écran qui interdit de voir ce que vous faites à ceux qui ne sont pas en plein devant.

On en rit, mais certains peuvent beaucoup en souffrir, surtout dans la dimension ultime de l'*open space* que représente l'absence même de bureau attitré. Heureusement peu répandue en dehors des sociétés de conseil dont les salariés sont rarement présents, l'absence de tout espace à soi est une source majeure de souffrance et d'instabilité. Mais même là où les bureaux sont bien personnels, on fait parfois sentir qu'il serait mal vu d'y mettre la moindre touche personnelle. Le cauchemar, pour un Y qui voulait être considéré comme un individu et auquel on impose en définitive de vivre dans un espace réduit et bruyant tout en le félicitant pour son côté « adaptable » et sa « capacité à travailler en équipe ». Tout cela est-il bien efficace ? La promiscuité permet-elle vraiment la créativité ? Ce sera sans doute un sujet central pour les DRH dans les années à venir.

IL FAUT DISCUTER (CONSTAMMENT) !

« Je ne comprends rien à mes jeunes collaborateurs ! » Ce cri du cœur ne vient pas d'un sexagénaire perdu, mais d'un chef d'entreprise ayant juste dépassé la quarantaine qui ne sait plus comment gérer ses jeunes. Songez, son entreprise s'est si bien développée au long des dix dernières années, qu'il a embauché et que désormais, ses salariés doivent se partager un espace exigu. Un actionnaire ayant suffisamment investi pour permettre le déménagement, notre chef d'entreprise peut enfin annoncer à ses collaborateurs – moyenne d'âge de 32 ans – qu'ils vont avoir plus d'espace : aucun cri de joie. C'est normal, songe-t-il, ils n'ont aucune reconnaissance. C'est le moment pour lui de partir en séminaire avec les nouveaux actionnaires et il n'y pense plus.

Mais, patatras ! Ces jeunes collaborateurs, que leur patron estime avoir beaucoup gâtés, se mettent en grève pendant son absence. En cause : un manque de dialogue dans l'aménagement de l'espace qui leur donne l'impression que, s'ils auront certes plus de place, ils devront aussi travailler côte à côte avec des services qu'ils préféraient jusque-là éviter. Désemparé, notre jeune patron se lamente sur cette génération « ingrate », qui se rebelle pour un rien. Oui, mais a-t-il effectivement pensé à les consulter ?

Ce cas n'est en rien exceptionnel. Comme le constatent les analystes de la Cegos[1], les DRH craignent l'esprit « frondeur » des Y, qui peut se traduire par ce qu'on appelle du micro-absentéisme (un jour ou deux), le non-respect des règles de confidentialité et, surtout, le déclenchement inattendu de litiges.

Habitué à discuter et à revendiquer depuis sa plus tendre enfance, l'Y sait le faire aussi bien individuellement qu'en groupe et notre patron a commis l'erreur de base du patron à l'ancienne : il n'a pas assez discuté avec ses collaborateurs… Comme le constatent le Medef et l'Andrh :

> Le supérieur hiérarchique doit ainsi être non seulement compétent dans son travail, mais également capable d'expliquer à son jeune collaborateur la pertinence des tâches à effectuer. Le jeune accepte d'obéir lorsqu'il comprend le pourquoi de son travail.

1. Voir « Les 20/30 ans et le travail : regards croisés des jeunes salariés et des DRH », Cegos, 2009.

Ce qu'Annick Allégret, directeur de l'unité RH & Management de la Cegos, synthétise ainsi :

> Les DRH ont encore du mal à gérer la population des 20-30 ans. Leur niveau d'exigence fait peur, or il devrait être considéré comme un atout pour l'entreprise. Le jeune salarié a besoin d'un management et d'une GRH plus individualisés, avec des objectifs à court terme, explicites et précis, reposant sur un contrat clairement défini entre son manager et lui.

Donnant, donnant.

« Call-moi, qu'on fasse un check ! »

Ils auraient aussi bien pu dire : « Appelle-moi pour faire le point », mais parler un sabir anglophone fait bien plus chic, notamment dans les entreprises de nouvelles technologies. Élevé dans un environnement ouvert sur le monde, le jeune Y va trouver dans l'entreprise un monde de plus en plus tourné vers un vocabulaire anglo-saxon fait d'expressions inconnues au commun des mortels (sans parler d'Anglo-Saxons eux-mêmes perplexes !). L'entreprise en devient alors un monde ésotérique, dans lequel le stagiaire ou le jeune arrivant a bien du mal à s'intégrer (« Tu me focus ça pour voir si ça match »).

UNE RÉPONSE, TOUT DE SUITE

Manager un Y, c'est d'abord manager son impatience. « Le style de management "inclusif" reposant sur le soutien continu et des *feedbacks* réguliers ainsi que la multiplication des opportunités de travail collaboratif, figurent sans nul doute parmi les réponses managériales les plus souvent invoquées », expliquent les chercheurs belges François Pichault et Mathieu Pleyers[1]. Des feedbacks réguliers et même immédiats. L'Y veut une réponse immédiate pour pouvoir continuer à travailler en étant certain de ne pas faire fausse route. Il déteste perdre sottement son temps. Et quand il n'est pas sûr de la direction qu'il doit prendre, il ne veut pas que son manager lui parle de « temps de réflexion » ou lui réponde d'un : « Pas le temps, là, je te rappelle ». À l'ère de l'*open space*, le manager ne peut même plus se barricader derrière une porte fermée et doit prévoir d'être (très) souvent dérangé. D'ailleurs, s'il ne répond pas, il risque de voir son collaborateur en profiter pour visionner un film sur son PC le temps qu'il se décide.

Expliquer tout le temps prend du temps. Beaucoup. À tel point que des Y fiers de leur autonomie se révèlent souvent des demandeurs d'encadrement – mais pas d'un encadrement directif. La spécialiste canadienne des ressources humaines et professeur à HEC Montréal Anne Bourhis le résume comme suit[2] :

> Les jeunes ne veulent pas qu'on leur dise quoi faire ; ils veulent essentiellement qu'on leur explique les tenants et les aboutissants des demandes qui leur sont faites et qu'on leur donne du renforcement positif. Ils demandent en réalité des coachs pour les aider à jouer un match dans lequel ils se définissent comme en première ligne.

1. Dans leur document « Pour en finir avec la génération Y. Enquête sur une représentation managériale » (à télécharger sur http://asset.rue89.com/files/2010pichault-pleyers.pdf).

2. Dans « Les "C" en tant que travailleurs », art. cit., téléchargeable sur www.cefrio.qc.ca

Tout expliquer tout le temps peut parfois donner la troublante impression de se répéter. Parce que, ne l'oublions pas, l'Y est particulièrement méfiant et teste continuellement son supérieur hiérarchique pour être certain qu'il ne lui ment pas. « Vous ne m'avez pas exactement dit ça la dernière fois » pourrait être sa phrase fétiche, face à un supérieur excédé de devoir lui répéter pour la vingtième fois la stratégie de l'entreprise. L'Y peut même vouloir valider que son supérieur a les bonnes informations de sa hiérarchie en les validant sur le Net ou les réseaux sociaux. S'il est pris d'un doute, il n'hésitera pas une seule seconde à le court-circuiter pour être sûr qu'il s'adresse au bon interlocuteur. Comme des adolescents vis-à-vis de leurs parents, les Y ont constamment besoin d'être rassurés sur la solidité de leur hiérarchie, gage de la réussite de leur propre avenir.

Gare aussi aux managers qui ne sont pas assez compétents pour connaître les dernières techniques et font des réponses approximatives ! Le salarié Y semble parfois s'attendre à ce que son supérieur en sache autant et aussi précisément que la Toile toute entière... Paradoxe étonnant, quand lui-même se fait une gloire de ne rien savoir mais de trouver vite... Gare aussi à ceux qui trouvent dégradant de devoir montrer leurs compétences alors qu'il y a vingt ans qu'ils sont les experts de leur secteur ! Car l'Y n'en a absolument pas conscience et ne croit que ce qu'il voit, voire que ce qu'il entend – tant qu'à faire de la bouche même de son manager, qui lui rend ainsi de cette considération dont il a tant besoin.

Objectif : employabilité

L'Y n'oublie jamais que son employabilité, sa capacité à passer facilement d'un poste à un autre en cas de coup dur, est liée à sa vigilance.

> Les futurs cadres des entreprises mondiales veulent se développer personnellement, afin que chaque jour soit une nouvelle étape de franchie dans la valorisation de leur employabilité et de leurs prospections vers un nouveau poste,

analyse Cecilia Dahlström, directrice marketing monde chez Universum, une société spécialisée dans la communication entre les étudiants et les employeurs ; elle constate également qu'ils veulent « travailler avec des managers qui les inspirent » et que la capacité de l'entreprise à leur proposer des formations professionnelles – gage encore une fois de leur employabilité future – arrive en deuxième position de ce qu'ils attendent d'elle.

ÊTRE LEADER, C'EST SE FAIRE COMPRENDRE

Aujourd'hui, tout détenteur d'autorité – parent, patron, prof – doit constamment penser à se légitimer et pour cela, constamment expliquer sa position. Or, en France, pour les dirigeants, le *leadership*, c'est-à-dire leur capacité à faire passer leurs idées, a longtemps été une non-question. « Nous sommes un pays de statut, dans lequel une bonne école garantissait un bon poste et une bonne carrière. Un dirigeant doit aujourd'hui aussi apprendre à être un leader », explique Denis Cristol, docteur en sciences de l'éducation et coauteur de l'ouvrage *Leadership et management*[1]. Il y a urgence, pour des managers confrontés à de jeunes collaborateurs très différents de leurs aînés. Comme le souligne Catherine Laizé, responsable du master chez Novancia et coauteur de l'ouvrage précité : « Les jeunes de la génération Y challengent les managers car ils veulent qu'on donne du sens à leur action. Sinon, ils s'en vont ». « Ils souhaitent que leurs employeurs idéaux leur offrent des challenges », souligne encore Cecilia Dahlström.

Les chercheurs François Pichault et Mathieu Pleyers[2] estiment ainsi que le management des Y n'empêche pas une « clarification permanente des attentes de rôle, un recadrage fréquent de ce qui est toléré et non toléré dans l'entreprise (par exemple pour l'utilisation d'Internet ou des téléphones portables) et un exercice régulier de la critique, incitant des jeunes ayant souvent une haute estime d'eux-mêmes à approfondir leurs idées et à les argumenter solidement ». Comme quoi, si les Y testent continuellement leur hiérarchie, ils n'en attendent pas moins qu'elle les teste également.

Acquérir pour tous une capacité au *leadership* est d'autant plus important que les entreprises fonctionnent toutjours plus en « mode projet ». Dans le cadre de projets qui font appel à tous les services de l'entreprise, on peut en effet être chef de

1. Denis Cristol et Catherine Laizé, *Leadership et management*, De Boeck, 2011.

2. François Pichault et Mathieu Pleyers, « Pour en finir avec la génération Y. Enquête sur une représentation managériale », art. cit.

projet un jour, puis s'effacer le lendemain. L'important, c'est d'être compétent. Denis Cristol y insiste :

> Un bon manager doit faire participer pour développer un partage du leadership. Sa légitimité vient de la base, de la reconnaissance de ses pairs, de ses subordonnés ou de ses clients. Il n'y a pas de leader sans suiveurs et on peut tour à tour être leader et suiveur.

Et Catherine Laizé de confirmer :

> Les jeunes fonctionnent très bien en mode projet. Ils sont habitués à vivre entre plusieurs réseaux et apprécient une société plus fraternelle, dans laquelle les hiérarchies traditionnelles sont bousculées.

Avant de vouloir manager la génération Y, il faut donc déjà faire un important travail sur soi. Selon Denis Cristol,

> Si l'on se focalise sur les seuls outils de la performance, on risque de passer à côté de la complexité humaines. D'où la nécessité d'enseigner les humanités, d'acquérir une culture de l'honnête homme pour avoir des repères tangibles lorsqu'il faut prendre des décisions.

Un bon manager doit avant tout posséder une « dimension humaniste indispensable pour gérer la complexité de l'économie », conclut Pascal Morand, directeur d'ESCP Europe :

> Il faut ensuite de grandes capacités d'adaptation, une aptitude à gérer l'incertitude et un sens humain du management. C'est une erreur de circonscrire l'économie de la connaissance au progrès industriel. Le succès de l'iPhone ou de l'iPad va bien au-delà. C'est à ces nouvelles dimensions que nous devons

préparer les managers de demain et il y aura d'autant plus d'innovations qu'il y aura de diversité culturelle.

LA « CULTURE DE LA LOUANGE »

Toutes les études le prouvent : dans les attentes qu'ont les jeunes diplômés de leur future entreprise, l'écoute et la reconnaissance de leurs managers font presque jeu égal avec une rémunération juste et équitable. Le bon manager d'Y devra bien prendre garde à ne pas oublier de féliciter ses collaborateurs. C'est là ce que l'on appelle parfois la « culture de la louange ». Cela n'empêche pas la critique, mais constructive et accompagnée de compliments. Sinon, pourquoi d'ailleurs conserver un collaborateur dont on ne peut en rien se féliciter ? Stéphane Parisot explique d'ailleurs que la génération Y n'est pas fermée à la critique :

> Elle attend un retour constructif et quasi instantané, et souhaite être évaluée régulièrement. Il est donc primordial de repenser la façon de communiquer au quotidien et de revoir certains grands processus d'évaluation comme l'entretien annuel.

On en revient à l'immédiateté : l'Y veut savoir tout de suite ce que son manager pense de lui et n'a pas envie d'attendre les sempiternels entretiens annuels, ou biannuels, pour savoir s'il est apprécié ou non. Consommateur d'entreprise, il sait aussi que l'entreprise le consomme et veut savoir à quelle sauce il risque d'être mangé lors d'une éventuelle prochaine restructuration.

À l'affut des opportunités du marché par son réseau et autres Linkedin et Viadeo, il ne veut surtout pas passer à côté d'une belle opportunité. Il veut être rassuré sur son travail par des louanges qui sont aussi la promesse qu'il ne se fera pas crucifier lors d'un entretien plus formel. Et ces entretiens doivent être argumentés : notre salarié Y veut être sûr que son n+1 sait ce qu'il fait. Le manager moderne ne peut pas – ne doit surtout pas ! – tout contrôler, mais être absolument au courant de tout. Il doit aussi passer un jour aux actes sonnants et trébuchants. S'il se déclare volontiers altruiste et détaché des contraintes matérielles, le salarié Y n'en considère pas moins qu'il mérite une rémunération à la hauteur de ses compétences. Et des louanges qu'il a reçues !

Le meilleur des managers ne pourra garder longtemps la confiance de ses troupes si sa hiérarchie l'empêche de les récompenser financièrement. Génération Y ou pas…

CHAPITRE 9

Les Y et l'éducation : le grand divorce

Les Y ne sont pas des élèves comme l'étaient les générations précédentes. Élevés avec l'Internet, ils vivent dans un monde différent. Pourquoi apprendre par cœur quand tout est disponible sur la Toile ? Pourquoi s'efforcer à une orthographe parfaite quand il existe des correcteurs orthographiques ? Et pourquoi tant de feuilles et de stylos quand leur propre intérieur est envahie par les PC et les tablettes ? Dans sa tribune du *Monde* intitulée « Éduquer au XXIe siècle » [1], le philosophe Michel Serres explique bien le dilemme de l'école aujourd'hui :

> De même donc que la pédagogie fut inventée (paideia) par les Grecs, au moment de l'invention et de la propagation de l'écriture ; de même qu'elle se transforma quand émergea l'imprimerie, à la Renaissance ; de même, la pédagogie change totalement avec les nouvelles technologies.

Ou devrait changer…

1. Art. cit., mars 2011, à retrouver sur www.lemonde.fr

UNE NOUVELLE FAÇON D'ENSEIGNER

« Certes, nous sélectionnons de très bons élèves, mais nous devons quand même prendre garde à les intéresser ! » À la Chambre de commerce et d'industrie de Paris, qui forme quelques 17 000 jeunes chaque année dans des écoles comme HEC ou ESCP Europe, Anne-Sylvie Le Bevillon est en charge du « dossier Y ». Son constat ? « Beaucoup d'élèves étaient révoltés par la façon dont certains professeurs font encore cours et s'ennuyaient à mourir. Il fallait réagir » Eh oui ! le prof' moderne de l'enseignement supérieur a aujourd'hui face à lui des élèves de moins en moins passifs. Équipés de PC ou de Mac, ils se dépêchent de regarder le cours qu'on entend leur asséner et piègent parfois leur professeur quand ils en savent plus que lui !

Les professeurs sont donc appelés à passer d'une logique d'enseignement à une logique d'apprentissage. Plutôt que de distiller un savoir prémâché, ils doivent devenir des médiateurs capables de donner aux élèves les compétences nécessaires pour faire le tri et organiser la multitude d'informations accessibles sur le web. Marc Drillech, directeur général d'Ionis Education Group, principal groupe français d'enseignement supérieur privé, résume bien ce trait :

> Comment voulez-vous expliquer à un jeune qu'il doit tout connaître sur la vie des Habsbourg au XVIIIe siècle quand il sait qu'il aura l'information en trois secondes au moment où elle lui sera utile et qu'elle sera en plus parfaitement à jour ?

Le « socle commun »[1], adopté depuis 2006 dans les collèges pour définir ce que les élèves doivent impérativement savoir, parle de connaissances mais aussi de compétences. Savoir analyser, synthétiser, est primordial dans le nouveau monde qui se construit. Et c'est bien d'ailleurs ce que l'institution internationale de référence qu'est l'OCDE évalue lorsqu'elle parle de « compréhension de l'écrit » dans ses études PISA.

> On est loin du *knowledge power* (« pouvoir du savoir ») dans lequel nous avons grandi quand, en un instant, on peut en savoir autant que son prof'. Mais alors, qu'est-ce que représente la recherche ? Comment gérer cette abondance d'informations ? Comment approfondir un sujet ?,

s'interroge encore Marc Drillech, curieux de savoir ce que deviendra ce qu'il appelle une « génération Shiva » car capable de travailler simultanément sur plusieurs écrans.

UN NOUVEAU TYPE D'ÉLÈVES

« En trois ans, nous avons vu arriver un nouveau type d'élèves, à la fois beaucoup plus créatifs et moins synthétiques », confie Bruno Neil, directeur général de l'EBS, une école de commerce parisienne post-bac :

> Nous adaptons notre enseignement pour leur proposer de plus en plus de jeux de synthèse et de projets en groupes plutôt que

1. À retrouver sur www.education.gouv.fr/cid2770/le-socle-commun-de-connaissances-et-de-competences.html

de simples cours. Le prof devient un coach qui les accompagne tout au long de leur parcours et les incite à être de plus en plus participatifs. Et c'est ce qu'ils demandent !

Ce que confirme Anne-Sylvie Le Bevillon :

> Aujourd'hui, ce que veulent les élèves, c'est discuter, commenter, être pris au sérieux. Un bon prof doit savoir reconnaître le jeune comme un sujet accompli et lui expliquer comment il doit apprendre.

Il faut que le corps professoral suive et il est encore compliqué d'imposer ces nouvelles méthodes dans des écoles habituées à travailler sur des modes très hiérarchiques, où le professeur est seul maître du savoir, dans le secondaire comme dans le supérieur[1]. « Nous allons proposer aux enseignants de prendre des cours de pédagogie », explique Éric Maurincomme, directeur de l'INSA Lyon :

> Songez que très peu y sont formés, alors que ce n'est pas toujours simple, d'intéresser les élèves. Par exemple quand ils ont fait la fête le jeudi soir et qu'il faut les motiver pour étudier la thermodynamique le lendemain matin à 8 h… De plus, les outils informatiques modifient leur façon d'enseigner. À nous d'adapter la pédagogie aux élèves !

Le mot est lâché : s'adapter aux élèves. Bernard Belletante, président du chapitre des écoles de management au sein de la

1. Lire sur le sujet un entretien croisé avec Philippe Meirieu et Marcel Gauchet publié par *Le Monde* en septembre 2011 et intitulé : « Contre l'idéologie de la compétence, l'éducation doit apprendre à penser ».

Conférence des grandes écoles et directeur général du groupe Euromed à Marseille, le souligne :

> Il faut une vraie révolution de la relation entre l'élève et l'enseignant, qu'on peut alors appeler coach. Les élèves n'ont plus besoin de rendez-vous réguliers avec leurs professeurs mais à la demande et en fonction de leur besoins.

Encore faut-il que l'intendance suivre et que tous les professeurs aient leur bureau, à l'image de ce qui se pratique sur les campus anglo-saxons, où la disponibilité des professeurs fait partie de leur image de marque. Et quel bonheur quand ça marche ! Anne-Sylvie Le Bevillon remarque :

> Nous voyons des professeurs se faire ovationner tout simplement parce qu'ils ont de la considération pour leurs élèves, qu'ils savent que ceux-ci leur apportent autant que ce que eux-mêmes leur apportent.

Une relation d'égal à égal, donc ? Non, bien sûr, mais avec la certitude pour chacun d'apporter à l'autre.

L'OBSESSION ÉVALUATIVE

Une telle révolution dans les esprits doit commencer bien avant le baccalauréat. Mais rares sont encore les professeurs à signer un véritable « contrat de confiance », précisant en particulier comment ils notent leurs élèves. Or, presque plus qu'aucun autre dans le monde, un élève français subit contrôles inopinés et interrogations surprises. Au retour de l'école, le : « Tu as eu de bonnes notes, aujourd'hui ? » tient lieu de : « Bonsoir, mon chéri »... Et comme si cela ne suffisait pas, le ministère de l'Éducation nationale a instauré des bilans nationaux, organisés chaque année en CE1 et CM2. Tout cela crée un stress permanent et une relation de méfiance réciproque entre des professeurs payés pour être soupçonneux et des élèves qui voient parfois dans la triche le seul moyen de passer entre les mailles du filet. Et surtout, ne pas redoubler, sanction suprême...

La relation profs-élèves est d'autant plus biaisée qu'il faut bien constater que les professeurs se croient toujours obligés de donner un pourcentage constant de mauvaises notes. Le professeur des Universités André Atibi a inventé le terme « constante macabre » [1] pour expliquer pourquoi et comment il y aura toujours un tiers de bons élèves, un tiers de moyens et un tiers de mauvais dans une classe, et cela, quelle que soit la valeur de celle-ci. Un élève médiocre d'un très grand lycée de grande ville pourrait sûrement être l'un des meilleurs ailleurs. Mais il faut des vainqueurs et des vaincus, quitte à donner de mauvaises notes à de bons élèves qui ont le seul malheur de ne pas être les meilleurs dans leur classe. « Le système est conçu pour éliminer et pour dégager une élite de façon obsessionnelle », s'insurge Olivier Ferrand[2], président du *think tank* Terra nova. « À la fin, il ne doit en rester qu'un, enfin deux, le major de l'ENA et celui de Polytechnique ! » On pourrait ajouter d'HEC, tant ces trois écoles composent

1. André Atibi, *La constante macabre*, Nathan, 2003.

2. Lors d'une rencontre avec l'Association des journalistes éducation recherche en novembre 2011. Terra nova a publié en septembre 2011 un très intéressant rapport intitulé « École 2012 : faire réussir tous les élèves (www.tnova.fr).

aujourd'hui l'élite d'une nation capable de très bien la former tout en abandonnant des centaines de milliers d'autres au nom du sacro-saint élitisme républicain.

Un rythme infernal

Être un élève en France, c'est vivre un rythme quotidien infernal qui concentre les enseignements sur seulement 144 journées de travail dans l'enseignement primaire, quand les petits Allemands en ont 188 et les Italiens, plus de 200. Même phénomène au collège et au lycée, avec 175 à 180 jours de cours en France contre 208 en Allemagne[1]. Les heures de cours sont au nombre de 1 042 par an en France en moyenne, contre 892 en Allemagne après 15 ans. De 7 à 8 ans, la différence est également très importante : 883 heures de travail en France pour 631 en Allemagne. Avec la fin du travail le samedi matin, les heures de cours se sont encore concentrées sur seulement quatre jours dans la plupart des écoles. Moins de jours, plus d'heures : cherchez l'erreur…

Il s'agit là d'un non-sens, au reste condamné par les spécialistes des rythmes scolaires. Mais quand on parle de supprimer deux semaines de vacances pour avoir des rythmes plus équilibrés et se rapprocher du nombre de semaines de travail de leurs camarades en Europe, les lycéens manifestent pour sauvegarder « leurs vacances ». Pas simple, de leur expliquer que ces longues vacances leur font vivre un rythme épuisant toute l'année ! Qu'ils sont victimes d'un système « marche ou crève » laissant la plupart sur le carreau pour permettre à quelques-uns d'obtenir un statut social qui les préservera toute leur vie !

1. À lire : « Les rythmes scolaires dans l'Union européenne », étude de la Fondation Robert Schuman (www.robert-schuman.eu).

DONNER CONFIANCE

C'est dès l'enseignement primaire que les Y revendiquent le droit à être considérés comme des êtres pensants. Et ce n'est pas gagné, dans une école française percluse de certitudes dépassées… L'Anglais Peter Gumbel, auteur d'*On achève bien les écoliers*, explique les handicaps d'un système français davantage fondé, selon lui, sur la sanction, que la participation[1] :

> Une profusion d'enquêtes comparatives montre que les élèves français, à la différence d'autres enfants, dans les pays anglo-saxons ou nordiques, manquent de confiance en eux. Ils ont peur de l'échec, sont anxieux, au point d'hésiter à parler en classe, même lorsqu'ils savent leurs leçons. Ce qui frappe l'étranger que je suis, c'est la “culture de la salle de classe”, impitoyable, qui décourage, enfonçant les plus fragiles, et qui peut se résumer en trois mots : “Tu es nul.”

Un point de vue qui repose entre autres sur l'enquête PISA[2] que mène l'OCDE auprès des jeunes de 15 ans de plus de quarante pays développés. À la question : « Êtes-vous d'accord pour dire que l'école est un endroit où je me sens chez moi ? », les jeunes Français interrogés en 2003 ont eu le plus faible taux de réponse positive : 45 %. Bien loin de la moyenne des réponses positives, qui est de… 81 %. Un tel mal-être est lié à une obsession des notes et de l'évaluation qui mène élèves et professeurs français à être dans des camps

1. Entretien donné au *Monde* publié en septembre 2010. Peter Gumbel, *On achève bien les écoliers*, Grasset, 2010.

2. À lire sur www.oecd.org

opposés au lieu de s'entraider. On sait ce qu'il en coûte à une équipe, quand les joueurs se méfient de leur coach... Or, dans la même enquête PISA, seuls 43,4 % des élèves français pensent que leur professeur les « aide dans leur apprentissage » (64,6 % en moyenne dans les 31 pays de l'OCDE, dont l'Allemagne, l'Espagne, les États-Unis, l'Italie, le Japon ou encore le Royaume-Uni).

UNE AUTORITÉ CONTESTÉE

Avant même de pouvoir s'engager dans une relation de confiance, le professeur doit bien admettre qu'aujourd'hui, il a déjà du mal à imposer son autorité. Le pédagogue Philippe Meirieu [1] constate ainsi que les professeurs sont de plus en plus confrontés à des élèves qui les challengent sur le thème : « Ta loi est ta loi, ma loi est ma loi... Pourquoi ta loi vaudrait-elle mieux que la mienne, pourquoi ta culture vaudrait-elle mieux que la mienne, puisque, de toute façon, tu entretiens avec moi un rapport où tu veux m'imposer ce que tu es ? Pourquoi, moi, ne chercherais-je pas à t'imposer ce que je suis ? » Et l'on est alors comme dans la métaphore de l'œuf et la poule. Plus respecté dans son individualité, l'élève serait-il lui-même plus respectueux de ses professeurs ? Mais comment le professeur peut-il respecter un élève qui ne le respecte pas ?

À ce stade de la réflexion, intervient souvent une grande demande de retour en arrière, sur le thème : « C'était mieux

1. Lors d'une conférence donnée en mai 2010 et intitulée : « Autorité et transmission : quels enjeux ? », consultable sur le site www.meirieu.com

avant, quand le professeur avait toute autorité sur les élèves ». Mais quel sens aurait ce retour d'une autorité quasi dictatoriale des professeurs ? Peut-on d'ailleurs tout simplement demander à l'école d'être autoritariste au milieu d'une société libertaire[1] ? Philippe Meirieu regrette que nous soyons face à une société qui « fonctionne globalement à la pulsion commerciale, à l'encouragement du caprice, au délitement du tissu social, et qui fait porter à l'éducation cette responsabilité fantastique de remettre de l'ordre, alors qu'elle-même ne s'interroge pas sur ce qui crée le désordre dans son comportement quotidien ».

Certains voudraient donc imposer un retour aux méthodes des années 1960, d'avant l'Internet, à une génération qui demande, elle, plus de libertés ! Une démarche difficilement crédible, et qui risque de créer davantage de tensions dans les établissements. Non pas qu'il ne faille pas d'autorité, mais celle-ci ne peut exister que légitimée par des compétences. Encore une fois, seule une relation de confiance réciproque, dans le cadre d'activités pédagogiques renouvelées, peut recréer le lien entre l'école et les élèves de la génération Y (et maintenant Z !).

LA TECHNOLOGIE AU SECOURS DES PROFS ?

Face à des classes de plus en plus rétives à recevoir un enseignement à l'ancienne, le recours aux technologies de l'information et de la communication pour l'enseignement

1. Les plus concernés par le sujet peuvent lire la dernière étude menée par l'OCDE sur le thème « Réussite scolaire : comment les parents peuvent aider leurs enfants » (http://www.oecd.org/dataoecd/4/52/49012528.pdf).

(les TICE) semble aujourd'hui pour beaucoup la potion magique indispensable. Mais encore faut-il qu'elle passe chez les professeurs. « La France accuse un fort retard pour ce qui est de l'équipement et de l'utilisation des TICE par les enseignants », constataient en 2010 les auteurs du rapport parlementaire « Réussir l'école numérique »[1]. À l'heure où les jeunes générations ne pensent que virtuel, l'école française s'en remet encore trop aux bons vieux papiers et stylos. La France se classait ainsi 21e pays sur 27 en matière d'utilisation des TICE, selon une étude menée par l'Union européenne en 2006. Seulement 66 % des professeurs français déclaraient alors avoir utilisé les TICE en classe durant l'année, contre 96 % des Britanniques ou 78 % des Allemands (avec une moyenne européenne de 74 %). Et cela, alors qu'ils sont à 97 % équipés d'un ordinateur à leur domicile et que 94 % l'utilisent pour préparer leurs cours.

Il ne s'agit pas que d'une question d'investissement. Ainsi, on a pu constater que dans le département des Landes, où tous les élèves de troisième sont équipés d'un PC depuis bientôt dix ans, seuls un quart d'entre eux l'utilisent dans le cadre de leurs études une fois dans la semaine ! Il est vrai qu'il ne suffit pas de fournir le matériel : il faut aussi les applications et... la volonté des professeurs. Or, alors que depuis 2009, chaque manuel scolaire est systématiquement bimédia (papier et numérique), seulement 30 000 classes

1. Téléchargeable sur http://lesrapports.ladocumentationfrancaise.fr. À lire également : le dossier du ministère de l'Éducation nationale « Les technologies de l'information et de la communication (TIC) en classe au collège et au lycée : éléments d'usages et enjeux » (http://eduscol.education.fr/numerique/veille-education-numerique/octobre-2010/tic-college-lycee-usages-enjeux).

avaient accès à un manuel numérique[1] en 2011, selon l'enquête menée par le Syndicat national de l'édition cette même année. Sur l'ensemble des enseignants interrogés dans cette étude, 16 % ont enseigné cette année-là avec un manuel numérique. Les utilisateurs les plus nombreux se comptent au collège (21 %) et au lycée (19 %).

Les choses vont donc dans le bon sens, mais trop lentement. Le rapport parlementaire précité relève ainsi :

> Le métier d'enseignant évolue : il doit créer des activités permettant à chaque élève de construire et de s'approprier ses propres connaissances. Il devient un ingénieur pédagogique. Cependant, l'équipement n'entraîne pas forcément les usages et encore moins des usages de qualité. La formation des enseignants est donc en France une réelle priorité.

L'université 2.0 est arrivée : l'exemple de l'UPMC

Si les TICE sont encore trop peu employées dans les collèges et lycées, leur utilisation n'est pas non plus encore optimale dans l'enseignement supérieur. En cause, souvent : la volonté des professeurs de rester propriétaire de leurs cours et de ne pas prendre le risque de les diffuser gratuitement sur l'Internet. On est loin des standards américains où, sur ITunes University par exemple, des universités comme le MIT (Massachusetts Institute of Technology) n'hésitent pas à mettre en ligne des dizaines de milliers de cours comme signe de notoriété scientifique.

Pour autant, de nombreuses utilisations des TICE ont lieu, par exemple à l'UPMC (Université Pierre et Marie Curie),

1. Le portail Wizwiz est un point d'accès unique pour l'ensemble des 950 manuels numériques du CP au lycée (www.wizwiz.fr).

l'une des toutes premières universités scientifiques françaises. L'utilisation des TICE y répond d'abord à une nécessité face à l'afflux des étudiants en première année de médecine. Depuis cinq ans, tous les cours de première année – et une très grande part en deuxième et troisième – sont filmés.

> C'était devenu indispensable puisque notre plus grand amphithéâtre compte seulement 500 places pour 2 500 étudiants en 1e année. 2 000 peuvent donc les suivre en direct dans les amphithéâtres adjacents à celui du professeur, mais également dans le cadre d'un environnement numérique de travail que nous mettons à leur disposition sur Internet,

explique Yves Epelboin, professeur de physique et responsable des TICE à l'UPMC.

Une telle utilisation change aussi les usages.

> Nous constatons que ceux qui n'ont pas accès à l'amphi principal préfèrent regarder le cours chez eux plutôt que de se déplacer. Mais le fait d'avoir accès à une vidéo des cours permet également de ne pas « gratter » fébrilement pendant le cours et, donc, de mieux l'écouter, tout autant que de le revoir autant de fois qu'on veut pour réviser,

reprend Yves Epelboin, fier de proposer une plate-forme collaborative sur laquelle chercheurs et étudiants peuvent travailler ensemble :

> Au départ, il s'agissait par exemple de visioconférences réunissant plusieurs chercheurs. Mais nous en sommes rapidement venus à propose des cours en ligne. Un professeur peut donc indiquer qu'il dispensera tel cours à telle heure et décider des étudiants qui pourront s'y inscrire.

La seule différence avec les chercheurs, c'est que les étudiants ne peuvent pas poser de question sans autorisation préalable. Cet outil sert également à faire du tutorat à distance et 15 000 personnes l'utilisent chaque semaine.

Mais Yves Epelboin veut aller encore plus loin :

> Le modèle travaux dirigés/travaux pratiques/cours magistraux est dépassé. Il faut rendre les étudiants beaucoup plus proactifs. Il faut qu'ils arrivent en ayant déjà réfléchi sur ce qui allait être dit pour discuter avec les professeurs, comme cela se passe aux États-Unis mais aussi dans de nombreux autres pays. Socrate n'est pas mort, le discours reste mais, encore plus, l'échange.

AIDER LES ÉLÈVES

Auteur d'un rapport très remarqué sur le lycée[1], Richard Descoings, président de Sciences Po Paris, regrette que le corps enseignant, composé « d'anciens bons élèves qui ont réussi des concours très difficiles, a souvent beaucoup de mal à comprendre que des jeunes, notamment au collège, puissent ne pas aimer les matières enseignées ». Ce que le sociologue de l'éducation François Dubet résumait ainsi : « Les meilleurs profs sont ceux qui ont un enfant qui échoue à l'école. Ils doivent bien admettre qu'on peut échouer sans être idiot... ».

1. Les citations de Richard Descoings sont issues d'un entretien mené par Grégory Danel et Olivier Rollot et publié dans « Le guide de l'après bac » du *Monde Étudiant* (janvier 2011). L'enquête « Préconisations sur la réforme du lycée » est téléchargeable sur le site www.vie-publique.fr

Sans formation spécifique les professeurs ne savent souvent pas aider un élève en difficulté et les parents – qui en ont les moyens ! – ont alors recours à des soutiens en dehors du service public. « Si les professeurs tiennent vraiment à l'avenir du service public, il faut y intégrer le soutien à tous les élèves. On ne peut à la fois s'intéresser à l'avenir du service public et se désintéresser de ceux qui ont du mal à suivre », demande encore Richard Descoings.

Le sociologue Pierre Merle va plus loin encore dans *L'élève humilié. L'école, un espace de non-droit* ?[1] en soulignant que « les humiliations subies par l'élève sont le produit de l'idéologie scolaire du classement, qui autorise la mise en exergue de l'élève jugé faible et incapable ». La plupart du temps, les professeurs n'ont d'ailleurs pas conscience du poids de ces petits mots, petites remarques assassines, sur le moral de leurs élèves. Après tout, pour la plupart, ils font encore partie de générations qui ont été élevées ainsi ! Mais pas les jeunes Y, qui le vivent très mal et se révoltent parfois violemment. Par bonheur, de nouvelles générations de professeurs arrivent peu à peu, pratiquant de nouvelles méthodes : eux aussi sont des Y et comprennent mieux les plus jeunes !

PRENDRE LE TEMPS D'EXPLIQUER LA SANCTION

On retrouve cette notion d'espace de non-droit qu'est parfois l'école quand elle devrait justement être irréprochable

1. Pierre Merle, *L'élève humilié. L'école, un espace de non-droit ?*, PUF, 2006.

parce qu'elle sanctionne. « Les principes généraux du droit s'appliquent, quelles que soient les modalités de la procédure disciplinaire », lit-on dans un bulletin paru au *Journal officiel* fin août 2010 pour expliquer aux chefs d'établissement comment il faut appliquer les textes en vigueur parfois depuis... dix ans. « Comment demander à un élève de respecter le règlement intérieur, si le chef d'établissement lui-même ne respecte pas la loi ? », s'insurge Valérie Piau, avocate spécialisée dans le droit de l'éducation et auteur des *Droits de l'élève : à l'école, au collège, au lycée*[1].

Et des abus de l'institution, il y en a encore beaucoup. « Il est courant que l'élève se voie notifier sa sanction sans avoir pu s'expliquer. Il risque alors de trouver la sanction injuste car il n'a pas pu donner ses arguments, comme dans toutes les procédures juridiques », regrette Valérie Piau, heureuse de lire dans le *Journal officiel* qu'« outre le risque d'irrégularité de la sanction, il peut en résulter, chez l'élève, une incompréhension et un sentiment d'injustice préjudiciables à la vocation éducative de la décision prise ». Cela va sans dire, mais encore trop peu de chefs d'établissements scolaires prennent le temps d'expliquer les sanctions qu'ils délivrent et ce, en violation de la loi et alors que le temps de l'explication pourrait permettre d'éviter d'autres confrontations.

Mais le professeur doit alors se mettre au niveau de l'élève pour expliquer ses propres choix – et parfois ses erreurs – avec un chef d'établissement arbitre. Difficile, quand on a soi-même été élevé dans le culte du prof' tout puissant et que,

1. Valérie Piau, *Droits de l'élève : à l'école, au collège, au lycée*, François Bourin Éditeur, 2011.

consciemment ou pas, on a choisi le métier. Or, rien n'est plus insupportable aux Y que l'injustice, et ne pas comprendre clairement ce qu'on leur reproche est déjà une injustice. Élevés dans une permissivité familiale presque totale, ils ont parfois du mal à comprendre les codes de l'école. Élever un Y demande de prendre le temps de discuter avec lui dans le cadre d'une pédagogie adaptée et non pas en lui assénant sanctions et savoirs. Le Y veut comprendre !

PRENDRE LE TEMPS DE S'ORIENTER

Comprendre, cela prend du temps. Loin d'une pensée dominante qui voudrait qu'on trouve vite sa voie, les Y veulent prendre le temps de la choisir. Mais l'institution scolaire voudrait régler les choses le plus vite possible ! Résultat, comme le délégué à l'information et à l'orientation auprès du Premier ministre Jean-Robert Pitte doit l'admettre :

> Le mot "orienter" a mauvaise presse. Il est trop souvent connoté à l'échec scolaire. On stigmatise parfois les élèves en leur disant qu'on va les "orienter".

Notamment les plus en difficulté, qu'on semble éjecter du système en les envoyant en voie professionnelle. « Si vous dites à un collégien : "Tu es mauvais, donc tu vas en lycée professionnel", comment voulez-vous qu'il ait ensuite une image positive de lui-même ? », s'insurge Richard Descoings, attristé de voir une immense partie des jeunes générations orientées uniquement par l'échec.

S'il est toujours mieux de vite trouver sa voie, il faut heureusement avoir conscience qu'un premier choix n'est pas forcément définitif. « Je suis allée en prépa' parce que j'étais une bonne élève mais, au bout d'une semaine, j'ai senti que ce n'était pas fait pour moi. J'ai eu la chance de pouvoir me réorienter », témoigne une étudiante de l'université Paris Descartes, venue au lycée Maurice-Ravel à Paris parler du « droit à l'échec » auprès d'élèves de terminale :

> Si une matière vous passionne, allez-y. Ce serait dommage, de vous dire toute votre vie que vous n'avez pas essayé. Vous êtes jeune, qu'est-ce que c'est qu'une année de perdue dans une vie ? »

Jean-Charles Pomerol, ancien président de l'UPMC-Université Pierre et Marie Curie, pense même qu'« il faut offrir une orientation et une sélection progressive entre bac et bac + 3 », comme le font les universités américaines. C'est pour diversifier les parcours que son université a mis en place un cursus d'ingénierie avec ouverture pluridisciplinaire, initiation à l'ingénierie et disciplines de bases entre bac et bac + 3, suivi d'enseignements d'ingénierie au meilleur niveau de master.

> Ainsi, à bac + 3, l'étudiant a une bonne culture générale et sait s'il a envie de devenir ingénieur ou pas. Sinon, il a encore le choix de s'orienter vers plein d'autres métiers,

se félicite Jean-Charles Pomerol, persuadé que, dans un monde professionnel compliqué, il vaut mieux prendre le temps de ses choix d'avenir. Les Y sont confrontés à la demande de parents angoissés qui voudraient qu'ils choisissent leur avenir dès la classe de troisième quand eux sentent que, pour la plupart, ils ont besoin de mûrir leur réflexion.

Universités : l'exemple américain

Il suffit de se rendre aux États-Unis pour comprendre ce que doit absolument devenir l'enseignement universitaire. Ici, les étudiants peuvent se voir donner cent pages à lire pour la semaine suivante et le cours sera consacré à leur commentaire, pas à l'écoute statique d'un cours. Ce qui compte, c'est l'esprit critique, les échanges ! « Il n'y a pas beaucoup d'heures de cours mais elles demandent une grande préparation, il faut donc beaucoup travailler », insiste Céline Bland, 26 ans, élève de l'école d'ingénieurs lyonnaise CPE venue à Purdue, une université proche de Chicago.

Comme Céline, un peu moins de 8 000 étudiants français partent chaque année suivre un cursus aux États-Unis. Mais avant de passer la douane américaine, il leur faut se préparer à un véritable choc de culture ! « Les étudiants français n'ont généralement aucune idée de ce qu'est le système universitaire américain », commente Céline Ouziel, qui reçoit plusieurs centaines d'étudiants chaque année à la Commission franco-américaine. Jin Zhao, une Chinoise passée par l'université Lyon III avant se de rendre au Baruch College de la City University de New York, confie ainsi :

> En master et particulièrement en MBA (master of business administration), ce qui est étonnant, c'est que les étudiants, étant plus âgés et beaucoup travaillant les cours – seulement 12 heures par semaine –, ne démarrent pas avant 17 h. Ce qui ne nous empêche pas de beaucoup travailler la journée avec beaucoup de travail personnel, des cas pratiques et des livres à connaître sur le bout des doigts pour en discuter en cours.

LE GOÛT DE L'EFFORT A-T-IL DISPARU ?

Directeur de l'Epita, une école d'ingénieurs d'informatique parisienne accessible après le bac, Joël Courtois doit bien le constater : donner le goût de l'effort aux Y ne se révèle pas toujours facile :

> Quand on leur demande en début d'année s'ils ont dû travailler pour obtenir le bac, ils sont à peine 10 % à dire oui. Nous passons donc les trois premières semaines du cursus à leur apprendre à travailler.

Trois semaines à raison de douze heures par jour que Joël Courtois qualifie de mi-temps :

> Je leur dis qu'il leur reste encore douze heures devant eux, soit sept ou huit de libres s'ils dorment peu. Nous organisons d'ailleurs des activités ludiques pour qu'ils se détendent. Mais l'important est de leur donner un potentiel et qu'ils voient qu'ils peuvent être très en forme après douze heures d'effort, alors qu'ils étaient fatigués après sept ou huit en terminale.

Faute d'un véritable rapport à l'effort au lycée, la génération Y a tout particulièrement du mal à se fondre dans le système des classes préparatoires, qui sont pourtant le symbole de l'excellence à la française.

> Ce sont des zappeurs, alors que les prépas proposent un espace très linéaire avec peu d'autonomie, ce qui leur semble ne pas leur convenir. Et pourtant, quel atout en termes de culture générale, de passer par une prépa ! »,

constate Bernard Belletante (directeur général du groupe Euromed à Marseille). Et Hervé Biausser, directeur de l'École centrale de Paris, qui recrute presque exclusivement en prépas, de regretter :

> J'entends parfois que les études scientifiques sont difficiles. Mais si l'on ne fait pas quelque chose de difficile quand on a vingt ans, quand le fera-t-on ?

LE NIVEAU BAISSE-T-IL VRAIMENT ?

Bien meilleurs en langues que leurs aînés, les élèves français semblent décrocher dans beaucoup d'autres disciplines, si l'on en croit les évaluations internationales. Entre les évaluations PISA[1] de 2000 et 2009, la proportion des élèves dits « très faibles » a doublé, passant de 4 % à 8 %, alors que celle des élèves faibles est passée de 15 % à 20 %. Tout cela, alors que le nombre de bons élèves – un indicateur où une France élitiste était traditionnellement bonne – n'est plus que de 10 %, loin des pays performants qui en ont plus de 20 % (et moins de 10 % en difficulté). Dans une étude menée par sa Direction de l'évaluation et de la perspective, le ministère de l'Éducation nationale analysait ainsi la situation en 2006 :

> Nos élèves semblent plus à l'aise dans le prélèvement d'informations (compétence considérée comme de bas niveau) alors

1. Menées par l'OCDE, les études PISA (programme international pour le suivi des acquis des élèves) évaluent les compétences des élèves âgés de 15 ans en compréhension de l'écrit, mathématiques et sciences. On peut retrouver celle de 2009 sur http://www.oecd.org/dataoecd/33/5/46624382.pdf

qu'ils éprouvent des difficultés dans l'exploitation complexe de l'information contenue dans un document (compétence considérée comme de haut niveau).

En résumé : beaucoup d'ados français évalués ne comprennent pas vraiment ce qu'ils lisent... et encore moins ce qu'ils écrivent.

La baisse du niveau en orthographe est plus spectaculaire encore. En 2008, une étude[1] montrait ainsi qu'en vingt ans, le nombre de fautes moyennes à la même dictée d'élèves de CM2 était passé de 10,7 à 12,7. Plus grave, le pourcentage de ceux qui faisaient plus de 25 fautes avait progressé de 6 % à 12 %. On retrouve un tel déclin à tous les niveaux. Le jury du concours 2010 de l'École nationale d'administration[2] note que « le niveau des connaissances est globalement "moyen", souvent insuffisamment précis ». D'une manière générale, les jurys de l'ENA, tant à l'écrit qu'à l'oral, ont relevé des « connaissances historiques limitées, parfois des lacunes énormes, qui les ont surpris, notamment sur l'histoire du XXe siècle ». Culture générale, quand tu nous manques...

Pour autant, Christian Lerminiaux, président de la Conférence des directeurs des écoles françaises d'ingénieurs et de l'Université de technologie de Troyes – qui recrute ses élèves après le bac -, ne se veut pas trop pessimiste :

> J'entends souvent dire dans mon établissement que la première année devrait être largement consacrée à des remises à niveau.

1. « Lire, écrire, compter : les performances des élèves de CM2 à vingt ans d'intervalle, 1987-2007 », à consulter sur www.education.gouv.fr
2. À lire en intégralité sur le site de l'école : www.ena.fr/index.php ?/fr/formation/initiale/Concours-d-entree/lectures-utiles-textes-officiels#rapport

Et il faut bien dire que c'est vrai en français, pas seulement en orthographe mais surtout en capacités d'expression. Beaucoup d'élèves, même de bons élèves, ont du mal à faire comprendre ce qu'ils veulent dire. Mais pour le reste, avant de seulement se dire qu'ils vont avoir plus de mal que leurs anciens à créer des produits structurés à fort contenu mathématique, il faut se demander ce qu'ils savent faire de mieux.

Les Y sont comme ça : il faut s'y adapter…

UN BAC DÉVALUÉ ?

Après la disparition du service militaire, le passage du baccalauréat est devenu le dernier « rite initiatique » marquant l'entrée dans l'âge adulte. Un rite bien dévalué aux yeux de beaucoup, qui s'émeuvent des plus de 80 % de réussite des candidats mais en le confondant trop souvent avec les 80 % de jeunes au niveau bac, objectif de 1985 du ministre de l'Éducation nationale de l'époque, Jean-Pierre Chevènement.

En réalité, ce ne sont qu'un peu plus de 66,4 % des jeunes qui obtiennent « un » bac. Un bac, parce qu'on parle d'un bac élargi. Le débat perpétuel sur un « bac bradé », parce que donné à trop d'élèves, est généralement le fait de personnes qui croient qu'il ne s'agit que du bac général, celui de leur enfance. Or, celui-ci ne concerne qu'un peu plus de la moitié des bacheliers (327 785 en 2010[1]). Ce qu'on appelle

1. Les données portant sur le bac 2011 sont accessibles sur http://www.education.gouv.fr/cid56542/baccalaureat-2011.html

la « massification » du lycée s'est largement arrêtée à la porte des lycées généraux.

Il est néanmoins frappant de constater combien le pourcentage d'élèves obtenant une mention a augmenté. Alors qu'il y a trente ans, obtenir une mention « très bien » (plus de 16/20 de moyenne) au bac était un signe absolu d'excellence – on entrait même directement à Sciences-Po Paris sans passer concours ni entretiens –, cela devient aujourd'hui presque banal dans les meilleurs lycées. Le pourcentage d'élèves obtenant une mention très bien est ainsi passé en vingt ans de 1,4 à 7 % dans les filières générales. Pour autant, il reste rare dans les séries technologiques (1 %) et professionnelles (0,9 %). Au total, près de 50 % des élèves des séries générales obtiennent une mention (contre 35 % en bac techno et 46 % en pro).

Les meilleurs lycées ne communiquent donc plus sur leur pourcentage de réussite mais sur leur pourcentage de mentions. Ainsi le très prestigieux lycée Henri IV à Paris peut-il s'enorgueillir d'avoir eu en 2010... 100 % d'élèves ayant obtenu une mention en ES, 85 % en L et 97 % en S. Au total, c'est le cas de plus de 98 % de ses 277 élèves. Mieux : 45,85 % ont décroché une mention très bien. Il faut dire que, depuis 1999, presque 100 % de ses élèves ont eu le bac à chaque session, les quelques échecs s'expliquant par des problèmes personnels.

À quoi bon être diplômé ?

Le sentiment d'un manque de considération à leur égard est très prégnant dans la génération Y. En moyenne, près de 38 % des étudiants considèrent ne pas avoir été récompensés pour leurs efforts dans l'enseignement supérieur, selon l'étude « Les étudiants et le mérite » réalisée par la sociologue Élise Tenret en 2011 dans l'académie de Caen. À peine moins (37 %) affirment le contraire et 25 % ne se prononcent pas. Selon les filières, les différences de perception sautent aux yeux : 52,8 % des élèves de prépas se sont sentis récompensés, quand c'est le cas de seulement 34,5 % des étudiants à l'Université. « Sans rejeter le système, les étudiants regrettent qu'il ne récompense pas plus leurs efforts et leur volonté », commente la sociologue.

Sans langue de bois, les élèves de prépas reconnaissent aussi très largement que leur milieu social les a avantagés (à 66,5 %) quand les élèves de STS disent le contraire à 58,6 %. Ces mêmes élèves de STS sont ceux qui pensent le plus largement qu'on peut réussir sans diplôme (41,9 %), quand leurs camarades d'IUT ne le pensent qu'à 21,4 %.

À la question : « En France, à l'école : les élèves sont-ils récompensés pour leurs efforts ? », la réponse est :

En pourcentage	D'accord	Ne sait pas	Pas d'accord
Classes prépas	52,8	13,8	33,4
IUT	44,6	26	29,4
STS	37,4	28,1	34,5
Université	34,5	24,9	40,6
TOTAL	37,1	25	37,9

À la question : « Avez-vous eu l'impression, au cours de vos études, que votre milieu familial a ou a eu avoir une influence sur vos résultats ? », la réponse est :

	D'accord	Ne sait pas	Pas d'accord
Classes prépas	66,5	7,6	25,9
Université	41	21,9	37,1
IUT	35,2	18	46,8
STS	30,2	11,2	58,6
TOTAL	**39,6**	**18,3**	**42,1**

À la question : « En France, sans diplôme, peut-on peut réussir dans la vie professionnelle ? », la réponse est :

	D'accord	Ne sait pas	Pas d'accord
STS	41,9	20,6	37,5
Classes prépas	29,4	25,9	47,3
Université	26,8	25,9	47,3
IUT	21,4	30,3	48,3
TOTAL	**29,9**	**24,6**	**45,5**

Source : Élise Tenret, « Les étudiants et le mérite : à quoi bon être diplômé ? », La Documentation Française et l'Observatoire de la vie étudiante, 2011.

CLASSES PRÉPA' : UN UNIVERS SURANNÉ ?

Depuis deux ans, on constate que sur Admission postbac, le site sur lequel s'inscrivent les étudiants pour entrer dans l'enseignement supérieur, les vœux d'inscription en classes préparatoires stagnent voire baissent en prépas économiques. Joël Vallat, proviseur du très réputé lycée Louis-Le-Grand à Paris, plaide pour ce cursus particulier :

> Il faut casser cette image de bagne. Nos élèves travaillent beaucoup, beaucoup plus qu'en terminale, mais ensemble. Leurs concurrents, ce sont les élèves des autres prépas, pas leurs camarades. Nos anciens élèves nous disent garder de meilleurs souvenirs de leur prépa que de la grande école qu'ils ont intégrée ensuite.

Certes, mais elles prônent encore parfois des méthodes que le jeune Y n'admet pas, notamment en termes de notation, parce qu'il n'en comprend tout simplement pas le sens. Joël Courtois relève de son côté :

> Avant, un professeur pouvait dire à un très bon élève de terminale qu'il était nul en prépa. Aujourd'hui, à l'exception des très grands lycées, celui-ci va lui rétorquer qu'il a toujours été un très bon élève et que ce n'est pas son problème mais celui du prof, s'il ne réussit pas en prépa.

Ce problème de notation est maintenant clairement identifié par les prépas et en voie de se résoudre – comme souvent, sous influence européenne. Patrice Corre, proviseur du lycée Henri IV à Paris, a ce commentaire :

Le protocole de Bologne a mis en place un système de crédits au niveau européen appelé ECTS, qui favorise la mobilité des étudiants. Or, il est difficile de faire comprendre qu'une note de 10 ou 11 en classe préparatoire correspond à une note de A dans une université américaine ! Nous avons donc commencé à faire évoluer ce système de notation. Les nouvelles générations de professeurs y sont prêtes.

Au-delà de l'effort, se pose le problème de l'intérêt de cursus jugés trop théoriques. De nombreux étudiants ne demandent qu'à travailler mais préfèrent comprendre pourquoi. Pour s'éloigner du modèle généraliste d'un lycée proposant trop de matières qui leur semblent éloignées de leur projet professionnel, un nombre croissant de jeunes choisissent donc de ne pas passer par une prépa. « Entrer dans une école de commerce dès après le bac, ce n'est pas choisir l'exact opposé de la prépa mais un mixte entre un enseignement théorique et pratique avec, très rapidement, des stages en entreprise », explique Catherine Leblanc, la directrice de l'Essca (Paris et Angers), qui insiste sur la nécessité de conserver des enseignements de culture générale, notamment en début de cursus : « Nous devons veiller à ce que nos élèves puissent se façonner une tête bien faite pour réaliser de belles carrières ». Si faire des études trop théoriques est un écueil, en faire d'autres trop directement pratiques mais qui ne permettent pas ensuite de progresser dans son emploi en est un autre.

L'EFFORT DOIT ÊTRE « JUBILATOIRE »

Si elles sont contestées, les prépas ont encore de grands atouts. Si l'on en croit Pascal Morand, directeur d'ESCP Europe,

> On y apprend à travailler vite, à faire plusieurs choses à la fois – ce qui est plus qu'utile dans un monde où l'on reçoit 200 mails par jour ! – et l'on y suit des cours dans des matières très diverses qui vont de la philo à l'histoire en passant par les maths et l'économie. Les ex-préparationnaires sont juste peut-être un peu trop encadrés et ont besoin de décompresser en arrivant chez nous. Il ne faut pas empêcher ces talents de s'épanouir en détruisant un modèle qui a le mérite de bien fonctionner ! Mais il ne faut pas non plus aller en prépa si l'on ne ressent pas un plaisir jubilatoire à y être.

On est donc bien loin là du culte de l'effort. L'étudiant Y peut être un gros bosseur s'il en a envie, mais seulement s'il en a envie, pas pour entrer dans des cadres préétablis ou faire plaisir à ses parents !

D'autant qu'ouvert sur le monde, l'étudiant des années 2010 est bien placé pour se rendre compte qu'il n'existe guère de système équivalent dans le monde aux classes préparatoires françaises. Partout, on travaille certes beaucoup mais rarement dans les premiers cycles – plutôt en master, comme dans les universités. Bruno Sire, président de l'université Toulouse I Capitole, n'hésite d'ailleurs pas à dire que « les prépas sont un scandale ». Son analyse :

> Toute une vie se joue dès les premiers trimestres de première, voire un peu en terminale, à l'issue desquels on est ou pas

accepté en prépas. Comment peut-on jouer sa vie à 16 ou 17 ans ? Et ensuite, il faudrait travailler pendant deux ans sur un principe d'humiliation. S'entendre dire : « Tu es nul, tu mérites 2/20 » alors qu'on avait 18/20 en terminale ? On connaît trop d'élèves souffrant de troubles psychologiques en prépa.

UNE APPROCHE PAR LES COMPÉTENCES

Joël Courtois (directeur de l'Epita) en est fier : il arrive à faire travailler ses élèves sans trop de problèmes : « Mais il faut que cela soit dans le cadre d'un projet compris. Il ne faut pas penser en termes d'effort pour l'effort ». Son école est d'ailleurs ouverte vingt-quatre heures sur vingt-quatre et ses étudiants peuvent s'investir sur leurs propres projets ou d'autre proposés par l'école – en 2011, la création d'une partie du portail Internet du Premier ministre. Cette approche, dite « par le projet et les compétences », se révèle particulièrement efficace pour intéresser l'étudiant Y. Paul Jacquet, administrateur général du groupe Grenoble INP[1], la voit ainsi :

> Cela va être la vraie rupture des années à venir. Schématiquement, l'ingénieur français est formé à trouver une (voire deux) solutions à un problème qu'on lui pose. Dans l'entreprise, cela ne se passe pas comme cela : avant de se projeter vers la solution, il faut déjà commencer par trouver quel est le problème. Nos étudiants sont passionnés par cette approche, qui leur permet d'apprendre à travailler en groupe sur un projet précis et à

1. L'un des principaux pôles de formation d'ingénieurs en France avec notamment l'Ensimag (www.grenoble-inp.fr).

tenir des délais. C'est comme cela que naît l'innovation. Par des ruptures technologiques. On n'a pas inventé l'ampoule électrique en améliorant continument la bougie !

Même réflexion du côté d'une grande école de commerce parisienne, Novancia (ex-Negocia), dont la directrice du programme grande école, Catherine Laizé, confie :

> Nous encourageons la pédagogie des projets pour que nos élèves apprennent à travailler en équipe et à prendre des responsabilités. Ensuite, par une réflexion sur l'action, nous analysons les compétences qui ont été mobilisées et les relations aux autres.

Résultat, les étudiants ne « s'ennuient plus, comme trop souvent dans des cours magistraux désincarnés », explique de son côté Michel Ciazynski, directeur de l'Isep (une grande école d'ingénieurs parisienne), qui se félicite de voir que, quand ses élèves « créent un site Internet de recettes de cuisine, ils acquièrent peu à peu les compétences nécessaires à cette réalisation et comprennent en quoi elles leur sont indispensables ». Encore une fois, l'« étudiant consommateur » veut comprendre pourquoi il se donne du mal. Il n'est pas prêt à absorber les connaissances comme une éponge en prenant pour argent comptant ce que lui disent ses professeurs.

Comment les classements internationaux ont changé l'Université française

L'enseignement supérieur est devenu un marché mondial dans lequel les universités américaines, britanniques et françaises se battent pour attirer le plus d'étudiants et de professeurs.

Or, les étudiants font souvent leurs choix en scrutant les classements pour viser le diplôme qui leur donnera la plus grande reconnaissance. L'étudiant Y est pleinement devenu un étudiant migrateur et il a besoin de cartes – les classements, mais aussi les accréditations – pour être certain que son investissement sera rentable.

Les réformes engagées depuis 2007 pour revaloriser l'Université, notamment en leur assurant une plus grande autonomie, sont ainsi la conséquence directe du choc qu'a provoqué en France, en 2003, la publication du classement dit de Shangai [1] et des résultats moyens qui obtenaient les universités françaises. Le développement de pôles de recherche et d'enseignement supérieur (PRES), regroupant universités et grandes écoles, est, entre autres exemples, la conséquence directe de la volonté d'atteindre une taille critique pour apparaître en meilleure place dans ces palmarès mondiaux.

Mais les établissements d'enseignement supérieur français peuvent-ils vraiment être au top niveau ? Jean-François Dhainaut, alors président de l'Aeres (Agence d'évaluation de la recherche et de l'enseignement supérieur) [2], explique :

> Il s'agit de classements sur des indicateurs finalement assez fixes, en non pas d'évaluations qui demandent des mois de travail. Les classements se font sur des réputations ou le nombre de prix Nobel et ne bougent finalement que très peu. Ils sont établis sur des critères anglo-saxons et il n'est pas étonnant que les Anglo-Saxons y arrivent en tête !

1. http://www.arwu.org. Les deux autres grands classements des universités sont celui du Times Higher Education (http://www.timeshighereducation.co.uk) et de QS (http://www.topuniversities.com/university-rankings/world-university-rankings).

2. Dans un entretien avec Olivier Rollot pour « Le guide des masters et des MBA » du *Monde*, 2011.

D'autant que la France souffre de la dualité de nos systèmes, dans l'enseignement supérieur, entre les grandes écoles et les universités, et dans la recherche, entre les universités et les organismes de recherche, ce qui rend difficile la bonne compréhension du système à l'étranger.

L'UNIVERSITÉ REPREND DU POIL DE LA BÊTE

Quand les prépas grincent, l'université retrouve des couleurs et attire des étudiants qui veulent prendre le temps de mûrir leur projet. Au modèle classique d'une excellence réservée aux diplômés des grandes écoles, s'oppose peu à peu un autre, où l'excellence est mieux partagée. L'étudiant Y a un choix beaucoup plus large que les générations précédentes et voit dans l'Université une voie de réussite plus équilibrée que les prépas. D'autant qu'il sait que celles-ci sont une spécificité française inaudible au commun des mortels en dehors de l'Hexagone. Selon Jean-Charles Pomerol, ancien président de l'UPMC-Université Pierre et Marie Curie,

> Il existe aujourd'hui une vraie concurrence pour attirer les bons bacheliers depuis que certaines universités ont mis en place des licences plus exigeantes, adaptées à des bacheliers qui ont l'habitude de travailler beaucoup. Résultat : en effectifs, nous avons doublé notre nombre de bacheliers ayant eu une mention au bac en quelques années.

Même phénomène en droit, avec la naissance de collèges de droit pour les meilleurs étudiants. Dans celui de l'université

Panthéon-Assas, qui débute en première année de licence, sont par exemple sélectionnés chaque année 120 élèves très motivés auxquels sont dispensés, en sus des cours de droit, des enseignements en économie, en philosophie ou encore en sociologie. L'offre s'accompagne d'une année d'enseignement ou de stage à l'étranger. Louis Vogel, président de Panthéon-Assas, peut ainsi annoncer que « certains étudiants préfèrent son collège universitaire à Sciences-Po Paris ».

Mais la concurrence la plus vive entre grandes écoles et universités est sans aucun doute aujourd'hui en filière économie-gestion, en particulier avec des IAE (Instituts d'administration des entreprises), qui représentent une vraie alternative aux grandes écoles de commerce mais sans la prépa et après trois années de licence qui ont, là encore, permis à l'étudiant de mûrir son projet. Ainsi à Lyon, l'IAE est en concurrence directe avec l'EM Lyon. « Nos professeurs et nos élèves n'ont pas de complexe à avoir en termes de qualité de formations et d'insertion professionnelle… et un superbe avantage coût-qualité », estime Hugues Fulchiron, président de l'université Jean-Moulin de Lyon, dont dépend l'IAE.

Et s'il est une université qui symbolise cette concurrence écoles/universités, c'est bien celle de Paris Dauphine. Selon Laurent Batsch, son président,

> Un bachelier accepté à Dauphine et en prépa doit d'abord mesurer ses chances d'intégrer l'une des cinq meilleures écoles post-prépas pour faire son arbitrage. C'est un calcul de probabilités. Si elles sont faibles, mieux vaut venir chez nous.

De la même façon, l'université de Toulouse, dont la Toulouse School of Economics est l'une des plus renommées au monde en matière de recherche, a ouvert à la rentrée 2011 une école d'économie qui, sans reprendre *stricto sensu* le modèle des grandes écoles, s'en rapproche mais... sans prépa !

FAC + GRANDE ÉCOLE

La concurrence n'empêche pas les coopérations. Aujourd'hui, presque toutes les universités possèdent leur école d'ingénieurs, aussi sélectives que les autres. Et plusieurs écoles de commerce, comme l'École de management de Strasbourg, sont très liées à l'Université. « Les querelles entre les grandes écoles et les universités sont du domaine du passé. Il n'y a que des avantages à s'entendre », insiste Hervé Biausser, directeur de l'École centrale de Paris, qui s'est rapprochée de l'université Paris XI pour travailler ensemble sur la recherche.

Diplômés d'une licence universitaire, nombreux sont maintenant les étudiants à ensuite intégrer une grande école. Simone Bonnafous, vice-présidente de la Conférence des présidents d'université et présidente de l'université Paris XII - Val-de-Marne, le souligne :

> La formation à l'Université n'est plus tubulaire. Les partenariats noués depuis une décennie avec les grandes écoles font qu'un étudiant d'université peut faire un master en grande école et inversement, un étudiant de grande école peut intégrer une université pour effectuer son master. Sur les cinq ou six années d'université qu'un jeune fera, il n'en passera que trois dans la même, car il évoluera d'une université l'autre, il ira à l'étranger ou transitera par une grande école.

Une sorte de parcours à la carte où l'étudiant Y, encore une fois l'« étudiant consommateur », va piocher les compétences et les diplômes qu'il estime utiles à son avenir.

Il est ainsi aujourd'hui possible à l'ESC Grenoble d'obtenir des doubles diplômes de l'ESC et de différentes universités de la région, que ce soit en mathématiques, en histoire, en droit ou, bien sûr, en économie. Quant à l'École Polytechnique, elle ne propose pas moins de 25 masters co-habilités avec des universités dans des disciplines aussi diverses que la biologie, la chimie, les mathématiques ou même l'économie. « Ils sont ouverts à des élèves de niveau licence ou *bachelor* qui suivent le même cursus que nos élèves ingénieurs en première année, puis se spécialisent en seconde », commente Xavier Michel, son directeur général, heureux de pouvoir attirer par là d'excellents universitaires du monde entier.

TRAVAILLER AVEC D'AUTRES PROFILS

Parce que tout le monde doit parler avec tout le monde et que les formations doivent devenir interdisciplinaires, celles-ci se rapprochent. HEC et l'École des Mines, toutes deux membres du consortium de grandes écoles ParisTech[1], ont signé un accord qui leur permettra de remettre un double diplôme en cinq ans à leurs élèves. Elles suivent en cela l'exemple de l'École Centrale, qui propose un cursus commun en commerce-gestion avec l'Essec.

1. ParisTech regroupe douze des meilleures écoles d'ingénieurs de la région parisienne mais aussi HEC pour l'économie (www.paristech.fr).

Mais les choses vont encore plus loin et Centrale s'est aussi rapprochée de deux des meilleures écoles de design industriel que sont l'École nationale supérieure de création industrielle de Paris (Ensci-Les Ateliers) et Strate College, à Sèvres. « À leurs débuts, les écoles d'ingénieurs faisaient faire du dessin à leurs élèves, elles l'ont presque toutes peu à peu oublié mais aujourd'hui le design revient en force avec la réussite d'Apple ou d'Ikea », commente Jean-René Talopp, le président de Strate College, qui propose également un double diplôme design et management avec Grenoble École de Management. Alain Cadix, directeur de l'Ensci, souligne :

> Moyennant un an et demi de formation après leur diplôme de Centrale, ses élèves peuvent en plus obtenir notre diplôme, et les nôtres peuvent intégrer un mastère spécialisé de Centrale.

En la matière, un rapprochement a été précurseur, celui d'Artem à Nancy, qui réunit depuis 1999 l'École des Mines, l'École nationale supérieure d'art et l'ICN Business School.

> Les ingénieurs que nous formons sont confrontés au développement de produits dont la conception va bien au-delà de l'ingénierie car un produit doit avant tout répondre aux attentes du marché,

explique Michel Jauzein, directeur de l'École des Mines de Nancy, qui propose un master Design global avec l'ICN et l'Institut national polytechnique de Nancy. Les étudiants des trois écoles nancéiennes en ont chaque semaine l'illustration avec des ateliers hebdomadaires de travail commun – et obligatoires ! – pendant un an. « Les entreprises leur proposent de plancher sur des sujets comme : “À quoi ressembleront les agences bancaires en 2020 ?" », commente Jérôme Caby, directeur de l'ICN.

Autant de mondes qui se rapprochent et vont donner le jour à de grands campus, comme à Saclay, près de Paris, ou avec Giant à Grenoble. Il s'agit de créer ce que Paul Jacquet, administrateur général du groupe Grenoble INP, appelle un effet « cafétéria » propre à générer de l'innovation. Manqueront juste encore dans cette vaste recomposition les sciences médicales. À Londres, le prestigieux Imperial College, l'une des toutes meilleures universités en ingénierie dans le monde, a déjà franchi le pas en s'adjoignant une faculté de médecine après celle qu'il possédait déjà en management. Même phénomène à l'Institut polytechnique de Lausanne. On en parle en France dans le cadre de ParisTech. Oui, mais pour quand ?

LES FORMATIONS EN APPRENTISSAGE PROGRESSENT

Antithèse des prépas parce que fondées sur la pratique, les formations en apprentissage sont en plein développement dans l'enseignement supérieur français, où elles viennent d'atteindre les 100 000 étudiants. BTS, DUT mais aussi grandes écoles, un nombre croissant de diplômes sont désormais proposés à des étudiants prêts à travailler beaucoup pour conjuguer leur cursus et un contrat dans une entreprise. « Nos apprentis sont plus mûrs que les autres étudiants qui reçoivent le même diplôme, cela se voit même à l'œil nu », confie Jean-Claude Pouilly, directeur du CFA (Centre de formation d'apprentis) de l'Afia spécialisé dans l'informatique, près de Paris.

Plus mûrs et plus autonomes, ces étudiants : à l'image de leur génération. Dans son enquête menée en 2010 sur nos *digital natives*, l'institut BVA notait que les cursus en alternance correspondent à leur volonté de « privilégier les supports de connaissance les plus pratiques et les plus illustrés tant dans le fond que dans la forme ». Impatients d'accéder à l'information, vite lassés par une seule activité, les étudiants du XXIe siècle sont particulièrement à l'aise lorsqu'il s'agit de jongler dans leur emploi du temps. « Nous n'avons pas de mal à différencier les périodes de travail en entreprise ou administration et à l'université », commentent Anne et Julie, qui finissent leur master affaires publiques en apprentissage à l'université Paris-Dauphine. Il y a trente ans, il paraissait inenvisageable de pouvoir ainsi étudier et travailler alors qu'aujourd'hui, parmi les grandes écoles de commerce, seule HEC refuse encore l'apprentissage. Du côté des écoles d'ingénieurs, Centrale Paris a ouvert son premier cursus en 2010 et même Sciences-Po Paris propose certains masters en apprentissage. L'idéal, pour une génération de zappeurs numériques amateurs de concret ?

Chapitre 10

Des Y plus égaux que d'autres ?

Si les Y possèdent en commun des codes sociaux, ils n'en sont pas moins différents, en particulier socialement. Quoi de commun en effet entre cet élève d'une famille bourgeoise ou d'enseignants, « materné » depuis tout petit, et cet enfant de banlieue élevé par une famille peu informée et qui ne bénéficie pas de sa propre chambre pour travailler ? À ce dernier, il faut une volonté souvent herculéenne pour s'imposer. Et l'échec scolaire est souvent à la clé. Chaque année, ils sont de plus en plus nombreux à rester sur le carreau. Entre juin et octobre 2011, le ministre de l'Éducation nationale, Luc Chatel, comptabilisait plus de 220 000 élèves sortis du système éducatif sans diplôme, soit 5 % des plus de 16 ans scolarisés dans les lycées. Cet échec est d'autant plus tragique que, si la France a la capacité de former chaque année dans l'enseignement supérieur environ 100 000 jeunes qui vont très bien profiter du système – dont 30 000 qui en serons l'élite et s'intégreront parfaitement dans le monde entier –, elle se montre incapable de former suffisamment de cadres moyens. L'économie en souffre, les jeunes en souffrent, l'école en souffre, et rien ne semble bouger.

« SELON QUE VOUS SEREZ... »

Si l'entrée dans la vie active est difficile pour tous les jeunes, pour certains, elle relève de l'impossible. Enfants de ZEP orientés dans des filières professionnelles sans avenir, ils sont les sacrifiés du système. Mais voilà, on ne parle d'eux que lorsque leur révolte devient publique. Le reste du temps, on privilégie les élèves des séries générales et des grands lycées. « Ceux qui s'expriment viennent des bacs généraux parce qu'ils sont politiquement plus engagés et ont le savoir-faire suffisant pour, à quinze ou seize ans, s'imposer comme des leaders », remarque Richard Descoings[1].

Mais les jeunes favorisés ne descendent jamais dans la rue pour défendre les lycées professionnels, ces 40 % des jeunes qui connaissent le plus de chômage et échouent à l'Université :

> Ce sont ces 40 % que les lycéens généraux privent de l'accès aux BTS et au DUT en prenant des places qui devraient normalement leur être affectées. Mais aucun patron d'IUT ou de STS ne se battra pour rouvrir ses portes à ceux pour lesquels ces filières ont été pensées. Quand les lycéens professionnels s'expriment, ils cassent pour exprimer leur rage, leur désarroi.

Une expression politique immédiatement stigmatisée pour sa violence et sur laquelle on tente de mettre bien vite l'éteignoir – jusqu'à la prochaine révolte... « Le profil idéal pour réussir, c'est d'être élevé dans un foyer solide avec une mère

1. Richard Descoings, entretien pour « Le guide de l'après bac » du *Monde*, art. cit. L'enquête de Richard Descoings intitulée « Préconisations sur la réforme du lycée » est téléchargeable sur le site www.vie-publique.fr

prof' et un père cadre sup' », constate-t-on souvent dans les grandes écoles. Stabilité du couple, stabilité professionnelle de l'un au moins des parents, aisance financière, voilà les clés de la réussite du Y béni des dieux. Mais force est de constater qu'ils sont peu nombreux.

SANS DIPLÔME, C'EST LA GALÈRE !

L'échec à obtenir une qualification est d'autant plus grave que ce que regardent avant tout les entreprises qui recrutent, c'est le diplôme. Sans être une assurance anti-chômage, il est devenu un passeport indispensable pour accéder au marché de l'emploi. On peut lire dans l'enquête du Céreq sur l'évolution professionnelle de la Génération 98[1] :

> Ceux qui n'ont pas obtenu de diplôme à la fin de leur scolarité sont les moins armés sur le marché du travail. S'il est une conclusion qui perdure, c'est bien celle-ci : le diplôme continue de protéger du chômage, même après dix ans de vie active.

Les 15 % de la génération 1998 interrogés par le Céreq sortis du système éducatif sans qualification ont ainsi un taux de chômage qui dépasse les 20 %, soit sept fois plus que celui des diplômés de l'enseignement supérieur. Le décalage est le même pour les CDI : 95 % des jeunes diplômés en ont un, pour 79 % des non-diplômés. Le temps partiel touche davantage ces

1. À retrouver sur le site du Centre d'études et de recherches sur les qualifications www.cereq.fr

derniers, et notamment les femmes, qui travaillent à 34 % à temps partiel quand c'est le cas de 26 % des diplômées de l'enseignement supérieur. Mais surtout, 76 % d'entre eux ont connu une période chômage, contre 50 % des diplômés de l'enseignement supérieur et 60 % du secondaire. Pour plus de 20 % d'entre eux, le chômage a même duré plus de cinq ans !

Des jeunes en grande précarité

S'il faut évidemment mieux être diplômé, ce n'est pas pour autant une garantie de réussite. En 2010, le Secours catholique notait ainsi, dans son rapport sur la précarité des jeunes[1], que s'ils étaient « plus diplômés, plus qualifiés que les générations précédentes », ils étaient « paradoxalement plus précaires ». Le Secours catholique constatait même que les jeunes étaient « soumis plus fréquemment que toute autre classe d'âge à la pauvreté ».

Un cinquième des jeunes aidés par le Secours catholique étaient en recherche d'emploi, étudiants ou en formation. Issus de classes défavorisées ou en rupture familiale, ils « risquent de compromettre gravement leur avenir en abandonnant leurs études pour trouver des moyens d'existence ». Parmi eux, 14 % étaient de jeunes travailleurs, majoritairement des femmes, qui « ont du mal à stabiliser leur vie, malgré un bon niveau de formation ».

1. Disponible sur son site www.secours-catholique.org

UN SYSTÈME PARTICULIÈREMENT INÉQUITABLE

« En France, l'iniquité du système éducatif est tragique. » Bernard Hugonnier, directeur adjoint à la direction de l'Éducation de l'OCDE, n'y est pas allé de main morte en présentant, début septembre 2010, les résultats de l'enquête annuelle que mène l'organisation internationale sur l'éducation. Il résumait la question ainsi :

> Sur 34 pays de l'OCDE, la France se classe à l'avant-dernière place. Le déterminisme social est extraordinairement fort en France, notre système éducatif ne s'améliore pas et ceux qui en pâtissent le plus, ce sont les pauvres.

Car il n'est pas facile d'intégrer une grande école ou une filière d'excellence universitaire quand on n'en possède pas les codes. Le résultat : une mixité sociale en baisse depuis vingt ans[1].

Les chiffres de l'Observatoire de la vie étudiante (OVE)[2] sur la part des enfants de « cadres et professions intellectuelles supérieures » dans les différentes filières sont sans appel : ils trustent 52 % des places en management et 49 % en santé, les deux filières les plus difficiles d'accès pour les élèves issus de familles modestes, alors qu'ils ne représentent que 8,8 % de la population active. Quant aux enfants d'ouvriers et d'employés, l'enquête de l'OVE pointe qu'ils

1. Pour plus d'informations, voir le site de l'Observatoire des inégalités : www.inegalites.fr

2. Dans son édition 2011 de son « Observatoire de la vie étudiante » consultable sur www.ove-national.education.fr

sont « sous-représentés dans l'ensemble de l'enseignement supérieur et dans tous les types d'études, à l'exception notable des STS et des IFSI, où ils représentent respectivement 44 % et 42 % des effectifs ».

Comme le rappelle un rapport sénatorial de 2007[1] :

> Les grandes écoles et les classes préparatoires ne sont pas un "îlot" d'inégalité sociale dans un paysage éducatif parfaitement démocratique : elles arrivent en fin d'un processus de "tri social"[2] qui agit et se renforce tout au long du parcours scolaire, de la maternelle à l'accès au baccalauréat.

Un "tri social" qui stigmatise les populations modestes. Mehdi témoigne ainsi, dans *Paroles libres de jeunes de banlieue*[3] :

> En France, toute ma vie, j'ai eu un regard sur moi comme si j'étais différent. Au Royaume-Uni, ce regard avait disparu. J'ai ressenti là-bas ce que j'aurais dû ressentir ici, que la chance est égale pour tous.

Et pourtant, il est en pleine réussite scolaire. Après un DUT et un *bachelor* à Édimbourg, il a réussi un concours pour intégrer une grande école de commerce.

1. « Diversité sociale dans les classes préparatoires aux grandes écoles : mettre fin à une forme de "délit d'initié" » à lire sur http://www.senat.fr/rap/r06-441/r06-441.html
2. L'ouvrage de référence sur le sujet est de Christian Baudelot et Roger Establet, *L'élitisme républicain. L'école française à l'épreuve des comparaisons internationales*, Seuil, 2009. À lire également de Didier Desponds, *Pour en finir avec l'égalité des chances*, Atlante, 2011.
3. Anne Dhoquois, *Paroles libres de jeunes de banlieue*, L'Express Éditions, 2011.

La part des enfants de cadres selon les filières d'études

Management	52
Santé	49
CPGE	48
Culture	47
Ingénieurs	46
Université	33
IUT	25
IUFM	23
IFSI	17
STS	16
Ensemble	**35**

Source : OVE, 2010.

FAUT-IL AVOIR DES MOYENS FINANCIERS POUR RÉUSSIR ?

Alors que le débat sur les niches fiscales reste ouvert, celle qui permet de déduire de ses impôts une partie du coût des cours de soutien à domicile est régulièrement remise en cause. Coûteuse fiscalement, elle est particulièrement inéquitable socialement puisqu'elle ne concerne par définition que ceux qui paient suffisamment d'impôts pour pouvoir en défalquer leurs dépenses. En théorie, ceux qui ne paient pas d'impôts bénéficient d'un report d'impôt. Mais l'on voit mal une famille modeste avancer les 1 500 à 2 000 euros annuels qu'il faut compter pour une heure et demie de cours de maths par semaine... Heureusement, des « programmes personnalisé de réussite éducative » permettent aujourd'hui de dispenser à tous deux heures par semaine d'aide gratuites en petits groupes dans le primaire. D'autres dispositifs ont été créés, du collège au lycée.

Mais il n'y a pas qu'à l'école qu'il est bon d'avoir les moyens d'être aidé. C'est aussi le cas dans l'enseignement supérieur. Ainsi, les étudiants de première année de médecine, qui doivent affronter un concours très difficile, ont abondamment recours aux cours de soutien. Même si les tarifs n'ont rien à voir avec le coût annuel d'une école, même si rien n'oblige à prendre toutes les options, ce sont par exemple 2 750 euros qu'il faut débourser pour un forfait annuel de 187 heures de cours dans telle prépa privée. Sans parler des stages de prérentrée, qui coûtent de 700 à près de 1 000 euros.

Pour autant, l'argent n'est pas la seule condition de la réussite. La catégorie socioprofessionnelle des parents l'est encore plus, notamment s'ils sont professeurs. Une petite moitié des élèves de l'École Polytechnique sont ainsi enfants d'enseignants, admet Xavier Michel, son directeur :

> Le système éducatif français est de plus en plus marqué par l'attention des familles à la réussite de leurs enfants. Plus que le niveau financier, c'est le niveau socioculturel des familles qui joue. Dans ce cadre, les enfants d'enseignants bénéficient d'une attention toute particulière.

LES INITIATIVES POUR RÉNOVER LE SYSTÈME

Partant de ce constat d'une trop grande inégalité d'accès aux prépas et aux grandes écoles, le ministère de l'Enseignement supérieur s'est fixé comme objectif 30 % d'élèves boursiers dans les grandes écoles d'ici à 2012. Sur le terrain, Joël Vallat, proviseur du lycée Louis-Le-Grand, est un apôtre de l'ouverture sociale :

> En prépa, nous recevons 30 % de boursiers, et même 38 % si l'on ne compte pas nos élèves étrangers. En deux ans, nous pouvons amener un élève d'un lycée dit difficile à intégrer l'École Polytechnique.

Parmi les grande écoles de management, particulièrement fermées aux jeunes issus de familles modestes, l'Essec a été pionnière avec son opération « Une grande école, pourquoi pas moi ? ». Aujourd'hui, la plupart des initiatives visant à amener plus de jeunes issus de quartiers défavorisés dans les grandes écoles sont labellisées Cordées de la réussite. La responsable du programme à l'EM Lyon, Christine di Domenico, a ce commentaire :

> Nos élèves sont de plus en plus volontaires pour aider des lycéens à réussir leurs études. Mais nous allons plus loin en leur demandant d'ouvrir le champs des possibles à des élèves qui ne s'imaginent pas un seul instant en prépas.

C'était le cas de Wahid, élève de cinquième année à l'Edhec, l'une des toutes meilleures écoles de management françaises, présente à Lille et Nice :

> Des professeurs m'ont orienté vers la prépa et donné confiance en moi, d'autres m'ont poussé à aller encore plus loin jusqu'à l'une des toutes meilleures écoles qu'est l'Edhec.

Rien n'était évident au départ, pour lui. Issu d'une famille modeste de Montauban, Wahid constate alors que, même si ses notes sont bonnes, la faible renommée de son établissement n'est pas un atout pour intégrer les meilleures prépas : « Je suis quand même entré au lycée Ozenne qui, sans être le meilleur, est excellent à Toulouse ». Aujourd'hui, il sait qu'il lui faudra trouver un emploi sur un marché du travail difficile :

> Je suis optimiste, je sais ce que vaut mon diplôme mais je sais aussi que ce ne sera pas suffisant, comme on le croit trop souvent après le bac, et qu'il faudra que je fasse mes preuves.

Et il lui faudra aussi rembourser les 32 000 euros qu'il a empruntés pour financer son cursus. Parce qu'il voulait être tout de suite « indépendant financièrement de ses parents ».

PAS DE DÉTERMINISME SOCIAL

Fabrice Hervieu-Wane, l'un des trois auteurs du livre *Une grande école, pourquoi pas moi ? Le droit au mérite*[1], y insiste :

> Il n'y pas de déterminisme social ni de fatalité des parcours scolaires pour peu qu'on s'intéresse de près à des jeunes qui ont

1. Chantal Dardelet, Fabrice Hervieu-Wane et Thierry Sibieude, *Une grande école, pourquoi pas moi ? Le droit au mérite*, Armand Colin, 2011.

12/13 de moyenne et auquel on peut donner accès à un parcours d'excellence quand ils se destinaient juste à un BEP métiers de la comptabilité.

« Il faut faire en sorte que la diversité soit une chance pour la France et la France une chance pour la diversité », renchérit Pap' Amadou Ngom, vice-président du club XXIe siècle [1] et promoteur des « Entretiens de l'excellence », qui ajoute :

> Notre modèle ne marche pas si mal que ça. Ce n'était pas non plus facile pour les Polonais ou les Espagnols de s'intégrer. Le modèle français demande de se fondre dans une culture commune et cela prend du temps. Pour autant, il ne faut pas négliger le problème qu'ont les familles modestes à avoir accès à l'enseignement supérieur.

La création des « Entretiens de l'excellence » répond à ce besoin d'information des plus modestes.

> Nous accueillons chaque année 6 000 jeunes de la 3e jusqu'à la terminale dans des lieux d'études prestigieux, comme Sciences-Po à Paris ou la fac de médecine de Marseille, pour leur présenter des filières vers lesquelles ils n'oseraient pas d'eux-mêmes s'orienter. Quand les parents accompagnent les jeunes aux entretiens, on sait que la moitié du chemin est déjà faite. Ensuite, nos volontaires tuteurs vont accompagner ces jeunes tout au long de leur parcours pour les conseiller et raviver chez eux la flamme des études. Il ne faut pas que quelqu'un puisse se dire un jour : “Si je l'avais su, je l'aurais fait”.

1. http://www.21eme-siecle.org

L'EXEMPLE DE SCIENCES-PO PARIS

Sciences Po Paris a créé il y a maintenant dix ans les conventions éducation prioritaires. Souvent appelées « conventions ZEP » », elles permettent à des jeunes issus de quartiers difficiles de postuler à Sciences-Po Paris dans des conditions spécifiques. Aujourd'hui, près d'un élève sur dix reçus en première année passe par elles à partir de 85 lycées disséminés dans toute la France.

La grande satisfaction de l'institut de la rue Saint-Guillaume est de constater qu'une fois diplômés, ces étudiants s'intègrent très bien sur le marché du travail : « Leurs salaires sont même en moyenne un peu supérieurs à ceux de l'ensemble des diplômés de Sciences-Po ! », se réjouit Richard Descoings. Il est vrai qu'ils sont plus attirés par les entreprises que la moyenne des diplômés. Un motif de surprise pour Richard Descoings : « Je croyais qu'ils chercheraient la sécurité de l'emploi, mais pas du tout ! ».

« Nous n'avons eu aucun problème d'insertion », se félicitent les premiers étudiants diplômés, fiers de pouvoir dire qu'ils travaillent dans de grandes entreprises ou sont devenus commissaire de police, par exemple. « Les profs ont fait un gros travail pour nous convaincre que nous avions les capacités pour intégrer Sciences-Po. Ils avaient raison », témoigne Miloud Boudjemai, aujourd'hui analyste financier à Londres.

La réflexion est la même du côté des autres instituts de Sciences Politiques et tout particulièrement celui de Lille, dont étudiants et professeurs soutiennent chaque année 800 lycéens, depuis la troisième jusqu'à la terminale. Pierre Mathiot, son directeur, remarque :

> Il faut commencer très tôt pour aider de bons profils à se diriger vers une seconde générale en leur faisant prendre conscience de leurs capacités à se lancer dans des études longues. Ensuite, au lycée, nous allons peu à peu vers une logique de préparation de notre concours mais aussi des autres voies d'excellence.

Intitulé Programme d'études intégrées (PEI), l'action des IEP se veut d'abord un soutien pour accéder à l'enseignement supérieur dans les meilleures conditions :

> 20 % de ceux qui le préparent intègrent finalement un IEP, contre 14 % pour tous les candidats. C'est donc satisfaisant mais ce qui l'est au moins autant, ce sont tous ceux qui nous remercient de les avoir aidés à obtenir une mention très bien et bien au bac.

LE SUIVI DANS L'ENTREPRISE

Toutes ces actions pour amener les plus défavorisés vers les formations d'excellence sont de peu de poids si ces jeunes diplômés ne réussissent pas ensuite des parcours d'excellence dans l'entreprise. « Il est clair que quand on s'appelle Mohamed, votre CV n'est pas forcément en haut de la pile », remarque Pap' Amadou Ngom, lui-même créateur d'une SSII (sociétés de service et d'ingénierie informatique), avant d'expliquer : « Mais au-delà de cela, il y a aussi des codes à connaître et nous aidons nos tutorés à préparer leurs entretiens d'embauche ou à travailler leur CV ».

Benjamin Blavier, le délégué général de l'association Passeport Avenir, confirme[1] :

> Même après cinq années d'écoles et de prépas, il faut encore aider beaucoup de candidats à se présenter et à présenter leur projet professionnel. Ensuite, ils ont de formidables atouts avec leur diplôme de grande école : leur multiculturalisme et les réseaux qu'ils se sont constitués.

Et Pap' Amadou Ngom de conclure, optimiste :

> Dans les secteurs qui recrutent, comme l'informatique, il y a bien longtemps qu'on ne regarde que les compétences, pas la couleur de peau !

1. http://passeport-avenir.com

Chapitre 11

Génération qualité de la vie

La génération Y est plus sensible que les générations précédentes à l'équilibre entre la vie privée et la vie professionnelle. Cecilia Dahlström, directrice marketing monde chez Universum, le dit ainsi[1] :

> Il y a un fossé générationnel : pendant que les baby-boomers et la génération X étaient accaparés à s'investir dans leur carrière pour acquérir et développer le matériel, la génération Y aspire à davantage développer et investir sa vie privée.

Isabelle Liotta, chargée au sein de l'École des Mines de Paris d'aider les futurs ingénieurs dans leurs choix de carrière, le confirme :

> Ils se posent beaucoup de questions sur le sens qu'ils vont donner à leur vie. Alors qu'auparavant, le diptyque "conditions matérielles et prestige" l'emportait sur "valeurs et réalisations personnelles", tout s'est inversé ces dernières années.

1. Universum a publié l'enquête : « Les entreprises préférées des étudiants » : voir sur www.universumglobal.com

TROUVER UNE ENTREPRISE QUI LAISSE LE TEMPS DE VIVRE

Interrogés par l'institut BVA pour l'Afpa[1], les jeunes Français âgés de 18 à 30 ans placent en tête de leurs critères de choix de l'entreprise où ils souhaitent aller le fait d'entrer « dans une entreprise dans laquelle ils se sentent bien » (30 % des réponses). À 18 %, le salaire n'arrive qu'en troisième position, derrière le fait d'avoir un emploi en rapport avec sa formation. Dans une autre enquête[2], à la question : « Pour vous, la réussite professionnelle, c'est avant tout...? », les jeunes interrogés répondent à 39 % : « trouver un emploi qui vous laisse du temps pour vos loisirs et votre vie de famille ». Là encore, le salaire n'arrive qu'en troisième position, derrière le fait de « travailler pour une entreprise dont on puisse être fier ». Sceptiques vis-à-vis de la question de la loyauté à l'entreprise, les jeunes n'entendent en aucun cas lui sacrifier leur vie personnelle. Ils considèrent d'ailleurs très souvent que si leurs parents ont eux-mêmes fini par divorcer, c'est parce qu'ils accordaient trop d'importance à leur vie professionnelle : tout cela pour être un jour rejeté par une entreprise à laquelle ils avaient tout sacrifié.

Cocoonés dans leur famille, les Y entendent bien l'être encore dans l'entreprise. Dans une étude menée en 2010 par

1. « Enquête sur la formation professionnelle : regards croisés DRH/Chefs d'entreprise & Jeunes », *op. cit.*

2. « Baromètre Jeunesse 2011 » de l'Ifop pour le ministère de l'Éducation nationale, 2011 (à consulter sur www.ifop.fr).

le cabinet de conseil aux entreprises Johnson Controls[1], les jeunes interrogés disaient ainsi avoir « envie de se sentir autant chez eux au travail qu'ils le sont dans leur propre appartement ». À l'entreprise de s'adapter pour être suffisamment accueillante ! Pas facile, à l'ère de l'*open space* et des mètres carré qui se réduisent comme peau de chagrin. Les grandes entreprises en sont tellement conscientes que certaines aménagent dans leurs locaux salles de sport ou espaces bien-être, voire créent des services de blanchisserie ou de livraison.

Cette aspiration au bien-être, on la retrouve dans les classements des entreprises préférées des jeunes où, depuis plusieurs années, c'est Google qui se place au premier rang mondial. Dans l'imaginaire collectif, Google est à la fois en pointe des nouvelles technologies et l'entreprise qui laisse à ses salariés une demi-journée par semaine pour se consacrer à ses propres projets. Cecilia Dahlström reprend :

> Cette génération Y est attirée par ce dont ses parents ont manqué. Les jeunes diplômés ingénieurs veulent en outre un employeur qui leur offre un environnement de travail créatif et dynamique et, signe des turbulences économiques actuelles, ils aspirent à une sécurité de l'emploi. Les jeunes diplômés en commerce/management souhaitent, eux, que leurs employeurs leur offre des formations professionnelles, mais aussi des perspectives de futurs revenus élevés.

1. « Generation Y and the Workplace Annual Report 2010 », étude menée aux États-Unis, en Inde, en Chine et au Royaume-Uni, à télécharger sur www.johnsoncontrols.com

IL FAUT S'AIMER !

Le salarié Y, s'il relativise son attachement à l'entreprise, n'en attend pas moins d'être quasiment « aimé » par son patron et à bénéficier de beaucoup d'autonomie. « Les DRH ont du mal à manager des équipes très jeunes pour lesquelles l'aspect affectif est très fort. On les voit même parfois arriver avec leur doudou au bureau », explique Benoît Arnaud, directeur d'Edhec Management Institute. « Ils savent qu'ils ne passeront pas toute leur vie dans la même entreprise et veulent s'y épanouir », explique de son côté Anne Dhoquois[1]. « Ils veulent travailler, mais pas à n'importe quel prix. Ils investissent beaucoup sur la qualité des rapports humains. »

Car les Y détestent l'affrontement. L'absence de conflits entre eux peut même devenir gênante, au point d'empêcher les conflits larvés de ressortir. Plus gênant, la volonté de ne pas se démarquer du groupe, de ne pas s'affronter, peut amener à suivre aveuglement le plus persuasif. Comme le résumait l'institut BVA dans une très instructive enquête menée en 2010 sur le *digital native*[2] :

> Habitué à zapper en permanence avec ses outils numériques, il conforte cette habitude dans la vraie vie en cherchant à contourner les problèmes. Évitant au maximum l'affrontement, il présuppose que, comme sur Google, il y a toujours une solution au problème, parfois radicale : il n'est pas satisfait de son travail, il

1. Anne Dhoquois, *Premier emploi : quand les jeunes racontent*, *op. cit.*
2. Étude « GENE-TIC : regard sur la première génération numérique », à lire sur www.bva.fr

arrête, il n'a pas assez d'argent pour acquérir un bien, il recherche le bon plan...

Cette haine viscérale du conflit des Y a aussi ses travers moins sympathiques quand il s'agit de résoudre enfin les problèmes, en particulier pour les managers. C'est là ce que Benoît Arnaud, directeur d'Edhec Management Institute et habitué à ce titre à les former, appelle le côté « métallique » des Y :

> Pour se protéger, ils veulent mettre de la distance. Ils sont capables de virer des gens par un simple e-mail et sont parfois incapables de dire les choses franchement.

Eh oui ! au royaume de la solidarité, il y aussi des salariés qui se font mettre à pied par un manager soudain beaucoup moins amical mais qui tente de vous convaincre que « c'est pour votre bien », qu'il « est obligé de le faire », que cela lui « fend le cœur ». À moins qu'il ne soit contenté de vous envoyer un SMS lapidaire. Après tout, pour lui, si vous êtes viré, c'est que vous l'avez bien mérité. La pitié n'est pas ce qui caractérise le plus le manager Y.

DES INDIVIDUALISTES SOLIDAIRES

Mais nos Y sont-ils si différents des plus anciens ? Leur volonté de bien vivre ensemble, de profiter de l'entreprise, est-elle si nouvelle ? L'exemple de ce groupe de presse ayant la particularité de faire cohabiter deux populations bien différentes est édifiant. D'un côté, une meute de 50-60 ans recrutés du temps de la gloire de ce quotidien du soir. De l'autre, une tribu de *geeks* âgés de moins de 30 ans assure la réussite de son site Internet. Entre les deux, quelques quarantenaires souvent aux manettes et qui tentent vaille que vaille de faire discuter tout ce beau monde. Mais en réalité, ces salariés ne se comprennent pas, ne s'habillent ni ne travaillent de la même façon. Longtemps, les deux équipes n'ont même pas partagé les mêmes locaux et l'équipe Internet ne voulait qu'une chose : rester à l'écart de ceux qui étaient dans l'échec, quand eux se voyaient comme les ferments de la réussite.

Pourtant, il a bien fallu se parler un jour pour constituer des équipes communes. L'une des surprises des plus âgés fut de constater l'incroyable osmose entre les plus jeunes. Là où les membres des générations précédentes n'aimaient rien plus que de se tirer dans les pattes, les Y sont solidaires. Benjamin Chaminade, créateur du site Génération Y, constate :

> L'adjectif d'"individualiste" qu'on accole aux Y vient des entreprises qui regrettent qu'ils ne soient pas plus investis. En fait, ils sont communautaires, au sens où ils partagent des valeurs qu'ils se créent eux-mêmes, mais pas "collectifs" car ils n'adhèrent pas aux valeurs anciennes.

Par exemple, gare à ne pas tenter de les monter les uns contre les autres ! Loin de tomber dans le piège, ils risquent de comprendre que leur manager tente de les diviser et, au contraire, voudront se rapprocher pour l'évincer.

Génération qualité de la vie

ÉCOLOS ?

La plupart des jeunes Y marquent un intérêt tout particulier pour tout ce qui concerne le développement durable. Ils trient leurs déchets et s'attachent à respecter l'environnement dans leur vie de tous les jours. Mais cela tout naturellement, sans en faire un combat politique. Si certains prônent la dé-consommation ou le bio, ce n'est pas dans des proportions très importantes. On les imagine archi-écolos et on voit finalement des Y préoccupés par l'environnement, mais guère plus que les Français plus âgés. Dans une enquête sur l'« Évolution des valeurs des jeunes entre 1979 et 2006 »[1], on constate qu'ils sont certes plus préoccupés par la dégradation de l'environnement que l'ensemble des Français, mais seulement de deux points (11 % contre 9 %). Quand on les interroge, dans une autre étude[2], sur ce qui risque de se détériorer dans les années à venir, certes la « qualité de l'environnement » les inquiète le plus (59 %), devant leur niveau de vie (56 %), mais dans « les défis que la société française doit relever un priorité », ils ne placent l'item « Diminuer les impacts négatifs sur l'environnement » qu'en cinquième position, loin derrière leur niveau de vie.

Ils voteront donc un peu plus aux élections pour les listes écologistes que la moyenne des Français, mais sans plus. Le jeune Y *made in France* a dans ses gènes une certaine attention

1. Enquête menée pour le Centre de recherche pour l'étude et l'observation des conditions de vie (Crédoc), à retrouver sur www.credoc.fr/pdf/Sou/Valeurs-desjeunesentre1979et2006.pdf

2. « Baromètre Jeunesse 2011 », réalisé pour le ministère de l'Éducation nationale, www.ifop.fr

pour l'environnement mais celle-ci ne constitue pas – pas encore ? – un marqueur générationnel aussi fort qu'on pourrait le croire – beaucoup moins que dans d'autres pays. Parmi les jeunes du monde entier interrogés en 2011 par la Fondapol[1] sur « les plus grandes menaces pour la société », 32 % des Français répondent : « la pollution » (une proportion proche de celle de tous les Européens), contre 45 % des Brésiliens et des Indiens, et même 51 % des Chinois, pour lesquels c'est même la principale préoccupation. Il est vrai qu'en Europe, beaucoup a été fait pour réduire la pollution, quand la Chine en est à la préhistoire de la protection environnementale.

UN MÉTIER OÙ ÊTRE UTILE AUX AUTRES : PAS SI FACILE

S'il fallait absolument différencier les Y des autres générations dans leur approche au travail, la dimension sociale qu'ils lui accordent serait un point central. Dans une enquête européenne menée en 2005[2], ce sont 28 % des moins de 30 ans qui disent que « le fait que l'emploi permette de venir en aide à d'autres personnes et d'être utile à la société est important ». Ce pourcentage tombe à 18 % chez les 30-50 ans.

Nombreux sont donc les jeunes à vouloir travailler dans l'humanitaire ou l'environnement. Mais dans les deux cas, il y a souvent loin des idées à la réalité du terrain. « Tout

1. Toute l'enquête est téléchargeable sur le site de la Fondation pour l'innovation politique : www.fondapol.org

2. Voir sur http://eceuropa.eu/information_society/newsroom/cf/itemlong-detail.cfm?item_id=2888

notre problème est de recruter des professionnels qui ne vont pas s'écrouler sur des théâtres d'opération qui peuvent cumuler risques naturels et désordres politiques », commente Patrick Coulombel, président de l'association Architectes de l'urgence, un peu lassé de voir des jeunes sonner à sa porte sans compétences et avec un souhait très idéalisé d'aider les autres : « Nous ne voulons pas de candidats qui viennent pour ajouter une ligne sur leur CV. Ceux-là ne tiennent que trois mois ». En revanche, ceux qui tiennent ont eux du mal à abandonner le secteur, ce que comprend Patrick Coulombel :

> C'est vrai qu'il est difficile, après deux ans dans une ONG, de revenir à la "vie normale". Travailler dans l'humanitaire, c'est vraiment donner un sens à sa vie.

Quant à l'environnement, si le secteur a connu une vraie progression de l'emploi – de 2004 à 2008, la hausse a même été en moyenne de 3 %, contre un peu moins de 1 % pour l'ensemble de l'économie -, les diplômés du secteur accèdent plus difficilement à un emploi rapide et durable que l'ensemble des diplômés. En moyenne, entre 2004 et 2007, ils ont passé 8 mois au chômage, contre 5,7 mois pour l'ensemble. En cause : une offre de diplômés qui dépasse les besoins des entreprises. Les chiffres sont parlants : en 2004, seulement 10 700 jeunes étaient sortis diplômés des formations environnementales, alors que trois ans plus tard, en 2007-2008, pas moins de 50 000 élèves et étudiants s'apprêtaient à entrer en dernière année de formation dans le domaine, selon une étude du Céreq [1]. Une inflation que le

1. « La bulle des formations environnementales » à consulter sur www.cereq.fr

marché de l'emploi ne parvient pas à absorber. Sans parler de la désillusion de jeunes qui rêvaient de nature et se rendent compte que l'environnement, c'est avant tout le traitement des déchets et la gestion de l'eau.

CHAPITRE 12

Génération innovation

Fascinés par les réussites d'Apple, Facebook ou Google, les jeunes créateurs d'entreprises n'ont jamais été aussi nombreux qu'aujourd'hui. Le sondage annuel sur la création d'entreprise réalisé par l'Ifop pour CCI Entreprendre en France[1] démontre ainsi qu'entre 2005 et 2010, le nombre de 18-24 ans qui déclaraient avoir envie de créer une entreprise est passé de 41 % à 52 %. Chez les 25-34 ans, ce chiffre est de 43 %. Dans un autre sondage mené pour l'Agence pour la création d'entreprise[2], les jeunes de moins de 30 ans interrogés sont 13 % à déclarer vouloir le faire dans les deux années à venir, soit 1,2 millions ! Un exemple ? Une start-up du nom de H3C, montée par des élèves-ingénieurs de Grenoble INP, a remporté fin 2011 le prix de la performance organisé par *Les Échos* dans la catégorie jeune entreprise. Paul Jacquet, administrateur général du groupe Grenoble INP, se souvient :

1. « Les Français et la création d'entreprise », dixième édition, étude réalisée par l'Ifop en 2011 pour les chambres de commerce et d'industrie, à consulter sur www.ifop.fr

2. « Les moins de 30 ans et l'esprit d'entreprise en France », sondage Opinion Way en 2010 pour l'APCE, à consulter sur www.apce.com

Dès le début de leur cursus, ces jeunes voulaient créer leur entreprise mais ne savaient pas encore laquelle. Finalement, ils se sont intéressés au bilan énergétique des bâtiments. Une excellente idée puisqu'aujourd'hui, ils sont quatre-vingt avec des contrats aussi passionnants que celui du Château de Versailles. Jamais nos élèves ingénieurs n'ont manifesté tant d'intérêt pour la création d'entreprise !

De grandes entreprises, à l'exemple d'Orange, favorisent d'ailleurs cet épanouissement en autorisant leurs salariés à créer leur entreprise tout en leur préservant la possibilité de revenir en cas de difficulté. Elles comprennent bien qu'il faut laisser ces jeunes s'exprimer : ce désir d'entreprendre répond à leur volonté de préserver leur indépendance et d'être maîtres de leur destin. Ce n'est pas un hasard si les professions libérales (médecins, avocats, experts-comptables, etc.) connaissent un engouement sans précédent. Dans une troisième enquête[1], menée pour le ministère de l'Éducation nationale, c'est avant tout « l'absence de hiérarchie et l'indépendance » qui motivent ceux qui aspirent à la création d'entreprise ou au statut d'indépendant, loin devant l'envie de gagner plus. Entreprise, innovation, autonomie : trois termes qui définissent bien les Y.

UNE NOUVELLE ÉCONOMIE

« Les étudiants actuels sont plus entreprenants et innovants que leurs aînés. L'entreprenariat était très valorisé par

1. « Baromètre Jeunesse 2011 », à consulter sur www.ifop.fr

les étudiants au début des années 2000 à l'époque de la bulle internet, il revient en force depuis quelques années », assure Delphine Manceau directrice de l'Institut pour l'Innovation et la Compétitivité[1], qui remarque encore :

> La génération actuelle est innovante car elle a une vision différente de la place qu'elle veut prendre dans l'entreprise et elle valorise particulièrement les missions innovantes qu'on peut lui confier.

Si les Y sont sans aucun doute la génération la plus créative qu'on a connue en France depuis des lustres, c'est entre autres parce que créer aujourd'hui, à l'heure du virtuel, ne coûte pas si cher. « On n'est certes plus tout à fait au temps où l'on pouvait travailler seul dans son garage », constate Joël Courtois, directeur de l'Epita, une grande école d'informatique parisienne dont les anciens sont nombreux à avoir créé leur société. « Il faut de plus en plus une vraie équipe mais, pour autant, les coûts de développement restent peu élevés alors que, quand on crée une application pour l'Iphone, le marché est mondial. »

Même son de cloche au sein de la grande école de commerce marseillaise Euromed. « La nouvelle économie offre beaucoup d'opportunités et chaque année, nos étudiants créent de dix à quinze entreprises », se félicite son directeur général, Bernard Belletante, heureux de constater que cela correspond à leurs aspirations à l'« autonomie et à l'indépendance ». Yann Truong, le responsable de la chaire innovation de l'ESC Rennes School of Business, insiste de son côté sur les

1. http://institut-innovation-competitivite.eu

nouvelles formes de financement qui voient aujourd'hui le jour :

> Au lieu d'acheter une technologie, avec tout ce que cela signifie en termes de coûts, il est désormais de plus en plus facile de la louer et de payer chaque année une redevance.

PRENDRE DES RISQUES, EST-CE BIEN FRANÇAIS ?

Certes, mais innover, c'est prendre des risques et là, le moins que l'on puisse dire, c'est que la culture française n'y pousse traditionnellement pas. « Et cela, dès la petite enfance, quand la mère française dit à sa fille qui va à la crèche de "faire attention" alors que l'Américaine se fend d'un "*bye bye, have fun !*" », explique Myriam Ogier, coach d'entreprise et auteur de *Prendre des risques pour réussir*[1]. Ces différences comportementales et culturelles, on les retrouve tout au long des études puis dans l'entreprise :

> En France, on ne sait pas échouer, on ne sait même pas dire : « J'ai un problème ». Le résultat, c'est que nos futures élites pensent de plus en plus à s'expatrier dans des pays où il est plus facile de réussir, mais donc aussi d'échouer.

La prise de risque commence même en France dès qu'on ouvre la bouche pour exprimer une opinion. Quand les universités américaines rendent quasi obligatoire la participation aux cours, les professeurs français s'arrachent souvent les che-

1. Myriam Ogier, *Prendre des risques pour réussir*, Dunod, 2011.

veux pour inciter les étudiants à s'exprimer devant la classe. On ne peut vraiment leur jeter la pierre, quand on sait à quel point le jugement de leurs camarades est peu indulgent. Le même auteur en rend compte ainsi :

> On est trop dans le jugement, du coup on ne parle que quand on est absolument sûr de soi. Or, certains élaborent leur pensée en parlant. Si on ne leur laisse pas dire parfois des bêtises, on perd toute leur créativité.

Au-delà de l'incantation (« Osez, osez »), encore faut-il que les établissements et les entreprises acceptent le risque. Et cette acceptation est plus facilement le fait de petites structures qui n'ont rien à perdre, que de grandes. « Vous croyez que les fabricants de bougie avaient intérêt à promouvoir l'électricité ou, très récemment, les journaux à favoriser la montée en puissance de l'Internet ? », s'interroge ironiquement Myriam Ogier.

Des robots inspirés de la nature

Des exemples d'idées qui naissent aujourd'hui dans les laboratoires des grandes écoles françaises, on pourrait en prendre des dizaines. L'École des Mines de Nantes est ainsi en pointe sur les *bio-inspired robots*, ces robots inspirés de la nature. Frédéric Boyer, jeune chercheur nantais, explique :

> La nature est dépositaire d'une bibliothèque inépuisable de brevets en puissance. Prenez par exemple la feuille de lotus, dans laquelle l'eau ne peut pas pénétrer. On ne savait pas réaliser ce type de structure avant de comprendre comment une structure en dédale à la surface de la feuille,

alliée à une matière hydrophobe, permettait d'en évacuer l'eau. Depuis, on a pu concevoir des vêtements imperméables ou des pare-brises autonettoyants.

Des apports de la nature comme celui-là, Frédéric Boyer peut en citer des dizaines. De l'avant très allongé du TGV japonais, le Shinkansen, destiné à éviter les ondes de choc à l'entrée des nombreux tunnels qui parsèment son trajet, qui est inspiré du martin-pêcheur et de ses entrées brusques dans l'eau pour pêcher les poissons, à ce lézard de Namibie qui se déplace dans le sable comme un poisson. Mais comme il est roboticien, son but est aujourd'hui d'aller plus loin. Son projet s'appelle Angels et prend la forme d'une sorte de gros serpent animé et amphibie.

> Contrairement à la robotique classique, la bio-robotique n'entend pas rendre les robots intelligents, mais plutôt leur conférer des capacités de réaction vis-à-vis de leur environnement comme en ont beaucoup d'animaux. Par exemple, nous nous sommes attachés à étudier comment les poissons électriques qu'on retrouve dans des eaux très sales utilisent leurs ondes pour éviter les obstacles. Notre robot serpent aura les mêmes capacités pour évoluer dans des milieux compliqués sans avoir à réfléchir à ce qu'il convient de faire ou non face à un obstacle.

Encore récente, la discipline est l'affaire d'équipes mixtes réunissant physiciens, technologues et biologistes. Si Fréderic Boyer et ses équipes nantaises commencent à en relever les défis, la France est encore très en retard par rapport au Japon et aux États-Unis. Un nouveau métier à suivre…

TROUVER DES CAPITAUX ET S'ASSOCIER

La créativité des jeunes générations est également favorisée par l'émergence d'une génération de financiers – qu'on appelle souvent des *business angels* – désireux de venir en aide aux jeunes entrepreneurs, notamment dans les nouvelles technologies. Non pas par altruisme mais surtout parce que les réussites de Free ou de venteprivee.com fascinent des investisseurs qui rêvent tous de contribuer à la création des nouvelles pépites du web ou des nouvelles technologies. Mais ils ne font pas que financer et participent souvent à la gestion des « jeunes pousses ».

Des jeunes technophiles soutenus par des managers expérimentés : le modèle fonctionne bien, parce que créer une entreprise, c'est d'abord trouver une idée mais ensuite, et surtout, une équipe pour la réaliser. C'est souvent très difficile en France, tant les acteurs sont séparés. Jean-Baptiste Soufron, directeur du programme Think Digital du pôle de compétitivité des contenus et services numériques Cap Digital, le regrette[1] :

> Harvard et le MIT (Massachusetts Institute of Technology) sont à un jet de pierre l'un de l'autre : facile, pour un ingénieur, de traverser la rivière et trouver le juriste ou le manager qui va l'aider à créer son entreprise. On en est encore loin en France, où nous sommes très en retard en matière de pluridisciplinarité.

1. Lors d'un colloque monté par l'AEF à l'ESCP en décembre 2011 sur le thème « Les écoles de management à 2020 : quelles attentes de la société ? ». Plus d'infos sur www.capdigital.com

Un constat que partage le créateur d'entreprise Benjamin Ducoussou, au point d'avoir monté un site destiné à faire se rencontrer les jeunes créateurs d'entreprise venus de tous les horizons : wizbii[1].

> Aujourd'hui ce sont au moins quatre projets que je vois se monter chaque jour, avec autant de diplômés de grandes écoles que de l'université qui cherchent juste des partenaires pour se lancer. Beaucoup de jeunes ont des idées mais manquent des compétences pour les faire aboutir.

« *DESIGN THINKING* »

Si le mot « design » est trop souvent ramené en France à la seule conception artistique, en anglais, il signifie « conception », et le *design thinking* est au cœur de la réflexion des grandes universités américaines, notamment à Stanford qui s'en est fait la spécialité. Comme l'explique Alain Cadix, directeur de la plus célèbre école française de design, l'Ensci :

> Le design, c'est l'art de donner forme aux objets mais pas seulement dans leur enveloppe visible. Les succès d'Apple aux États-Unis, de Seb ou Décathlon en France – plus gros employeurs de designers hexagonaux –, ont fait comprendre à tous que la conception était globale et les designers, indispensables.

Et parce que l'innovation ne peut se développer qu'en faisant collaborer des profils différents, un tout nouveau type d'école va naître en 2012 de la collaboration entre l'École de

1. www.wizbii.com

management Lyon et Centrale Lyon, baptisé Idea (pour « Innovation, design, entrepreneuriat et arts »). « Il s'agit de former des "ingénieurs entrepreneurs" ou des "managers technologues" afin de rapprocher les profils dans une philosophie d'innovation permanente », confie Pierre Soudan, directeur du projet, qui veut former des « cadres dont l'innovation sera l'objectif permanent ». Jean-Marc Idoux, directeur de l'école d'ingénieurs lilloise HEI, estime de son côté que « l'important est de réunir des points de vue ». À cet effet, son école organise des "ateliers de la création" qui réunissent entreprises et jeunes ingénieurs, managers, architectes ou designers afin de travailler ensemble sur des projets.

L'école de design Strate Collège a ainsi conçu avec l'Essec un programme dit CPI (pour la « Création d'un produit innovant »). « Des jeunes managers et ingénieurs, dont c'est la formation de prendre le *leadership* dans les projets, y rencontrent des designers qui apportent une créativité, une inventivité qui les déroute souvent », remarque Jean-René Talopp, son directeur. « Un ingénieur n'est ni un artiste, ni un homme d'affaires, reprend Michel Jauzein. Il doit apprendre à travailler très tôt avec d'autres profils car, une fois dans l'entreprise, ce sera la réalité de son métier. » Une nouvelle génération de diplômés « multicartes » est en train de voir le jour, avec comme objectif ultime l'innovation.

INNOVER, ÇA S'APPREND !

L'innovation naît aujourd'hui dans les grandes écoles et les universités non seulement parce que les jeunes Y y sont aptes, mais aussi parce qu'elles favorisent le processus. Grenoble INP propose ainsi un semestre intitulé « Management, innovation et technologie » et des formations à l'entreprenariat. Paul Jacquet, administrateur général du groupe Grenoble INP, le présente ainsi :

> Il s'agit d'imaginer une activité économique et un *business plan* puis de le présenter devant un jury d'entrepreneurs. Le tout est ensuite placé dans la base de données de la chambre de commerce et d'industrie, et des entrepreneurs peuvent se mettre en contact avec nos étudiants.

À Grenoble encore, Benjamin Ducoussou et son entreprise Wizzbii sont logés dans le tout nouvel incubateur d'entreprise de l'école dont il est diplômé, l'ESC Grenoble.

Ces incubateurs se multiplient aujourd'hui. Il s'agit, pour la grande école ou l'université, de confier aux jeunes des bureaux pour qu'ils puissent développer leur projet dans sa phase d'éclosion. Certaines écoles prennent même des participations dans ces entreprises. C'est le cas de Grenoble INP, dont la filiale de droit privé, créée en 1991, entre de façon minoritaire – de 10 à 15 % dans le capital de start-up pour les aider à démarrer. Avec le soutien de Grenoble INP, la société Recupyl a pu lever 14,5 millions d'euros pour recycler des piles : elle est maintenant installée en Espagne, aux États-Unis ou en Chine. Longtemps l'apanage des écoles d'ingénieurs, on trouve désormais de tels incubateurs d'entreprises dans les écoles de commerce. L'ESC Rennes School of Business ouvre le sien à la rentrée 2012 : un étage entier consacré à la création d'entreprise, qui vient compléter les activités associatives dont les étudiants d'école de commerce sont traditionnellement les champions.

« Nombreux sont nos élèves qui pensent à créer leur entreprise et commencent même parfois à le faire pendant leur scolarité », confirme Anne Stéfanini, directrice de l'école de commerce Novancia, spécialisée dans l'entreprenariat. Ceux-ci découvrent alors qu'il faut respecter des réglementations toujours plus tatillonnes. Pour devenir ce que les entreprises appellent des « business développeurs », l'essentiel est d'être responsable, mais pas inhibé. Car l'esprit d'innovation peut aussi bien se manifester dans la création d'une entreprise que dans un esprit qu'on insuffle au futur salarié. On parle alors d'« intrapreneurs ». « L'innovation et l'entreprenariat ne sont pas exactement la même chose, rappelle Delphine Manceau. On peut être très innovant dans une entreprise ancienne et certaines créations d'entreprises ne reposent pas sur des projets très novateurs. »

UNE PÉDAGOGIE DE L'INNOVATION

Certaines écoles ont pris le pli de fonder leur pédagogie sur l'innovation. C'est le cas à l'école des Mines d'Alès, où Alain Dorison, le directeur, organise pour tous les élèves de deuxième année un séminaire sur la créativité et l'innovation réunissant grands groupes industriels et étudiants : « Des représentants de Michelin, Decathlon ou encore Legrand sont présents pour passer quarante-huit heures avec nos étudiants afin de concevoir des produits innovants dont certains seront ensuite mis en vente. » En troisième année, chaque élève réalisera de la même façon une étude de faisabilité technique pendant cinq semaines. Alain Dorison insiste :

Mais attention, ce n'est pas un stage d'été, cela se passe pendant l'année et fait partie intégrante du cursus. L'objectif est de donner l'esprit d'entreprendre à des élèves qui ne savaient pas au fond d'eux qu'ils étaient créatifs.

Pour créer leur cursus, les dirigeants de l'EM Normandie, grande école de commerce ouverte dès le bac, implantée à Caen et au Havre, se sont inspirés de la pédagogie « HEC entrepreneurs » mise au point il y a plus de vingt ans. « Nous demandons à nos étudiants de travailler en groupes de trois pour réaliser des missions en entreprise de cinq à six semaines tout au long de leur cursus. Les étudiants sont alors de véritables consultants juniors », explique Jean-Guy Bernard, directeur de l'école. L'EM Normandie met également l'accent sur des challenges comme celui du concours de négociation organisé chaque année à Deauville, où des étudiants de la France entière doivent faire la preuve de leurs talents de négociateurs devant de grandes entreprises :

> Nous constatons depuis maintenant quatre ou cinq ans que nos étudiants sont devenus très innovants et ont envie de créer des entreprises. La génération Y a une conception différente des contraintes, de la hiérarchie. Créer une entreprise est bien dans les valeurs de la vie qu'ils ont envie de mener.

Doctorant rime avec innovation

Longtemps dénigré en France, le doctorat est pourtant le diplôme phare dans la plupart des autres systèmes d'enseignement. « Dans le monde entier, le standard d'excellence est le doctorat. Selon Christian Lerminiaux, président de la Conférence des directeurs des écoles françaises d'ingénieurs et de l'Université de technologie de Troyes :

> En Allemagne, dans un plan de table, les docteurs sont au milieu et les ingénieurs, sur les côtés. Mais en France, les entreprises ont pris l'habitude de recruter des ingénieurs et ne voient pas, pour la plupart, pourquoi aller payer plus cher un doctorant.

Depuis 2009, de nombreuses actions ont donc été entreprises pour permettre la revalorisation du doctorat, avec des résultats probants, du moins dans les sciences et les technologies. Ce sont ainsi 28 % des diplômés de l'École Polytechnique qui poursuivent aujourd'hui leur cursus par un doctorat. Xavier Michel, directeur général de l'école, souligne :

> Nous y incitons tous ceux qui ont envie d'aller au bout de leur curiosité scientifique. De plus, partant étudier dans le monde entier, nos élèves mesurent bien l'apport du doctorat aujourd'hui dans une carrière. Le doctorat s'insère bien dans un parcours professionnel qui mène à l'entreprise. Les 550 doctorants de notre école doctorale trouvent d'ailleurs tous ensuite un emploi.

Car qui dit doctorat, dit aujourd'hui carrière dans l'entreprise plutôt que professorat. Agnès Florin, responsable du collège doctoral Nantes-Atlantique qui regroupe quelque 1 400 doctorants, l'explique ainsi :

> Les docteurs ou post-doc' sont des spécialistes de l'innovation. Il n'est pas possible de soutenir une thèse qui n'apporte rien de neuf. Quel que soit son parcours, un docteur est d'abord quelqu'un qui a su surmonter des difficultés dans le cadre d'un long parcours. Qu'ils soient

scientifiques ou en lettres et sciences humaines, ils savent travailler en équipe dans un laboratoire et, surtout, poser la question à laquelle on ne s'attend pas et qui fait avancer le processus. Autant de raisons pour les entreprises de les employer.

LES ENTREPRISES LAISSENT-ELLES LA PLACE AUX JEUNES INNOVANTS ?

S'ils sont aujourd'hui de mieux en mieux formés à l'innovation, les jeunes diplômés doivent ensuite recevoir des moyens de l'entreprise. Delphine Manceau prévient :

> On croit souvent que l'innovation survient par hasard, d'un coup, et qu'il s'agit d'un don individuel. Évidemment, certaines personnalités y sont plus aptes que d'autres, mais il y a surtout des modes organisationnels qui la favorisent. Des entreprises comme Apple ou Seb trouvent depuis longtemps le moyen de créer des produits innovants qui ont généralement du succès. Mais sans doute aussi parce qu'elles acceptent qu'il y ait des échecs. Sans acceptation de l'échec, il ne peut pas y avoir de prise de risque, et donc pas de tentatives iconoclastes.

Un diagnostic partagé par Alice Guilhon, la patronne de Skema Business School : « Il faut enseigner qu'on peut se planter et donner un statut positif à l'erreur ». Cela n'est pas forcément facile dans un pays judéo-chrétien comme la France où l'on confond erreur et faute (on commet des « fautes d'orthographe » !). Et Bernard Ramanantsoa, directeur général d'HEC, de constater que les étudiants critiques et créatifs qu'il forme « perdent totalement tout esprit critique après dix ans dans l'entreprise »[1].

À qui la faute, sinon à des entreprises qui professent la créativité tout en payant une armée de petits chefs pour traquer l'erreur ? Jusqu'à ce grand du luxe français qui a décidé de ne plus recruter un seul Y sous prétexte qu'ils « ont des idées mais ne les mènent pas jusqu'au bout ». Ils ont des idées et les mènent à bien bout pour peu qu'on les y encourage, pardi ! À l'autre bout de la chaîne textile, Decathlon est l'exemple à suivre. Sa centaine de designers sont rattachés à un magasin cobaye, où ils ont fait un stage de vente initial pour mieux comprendre les besoins des clients. En contact avec les ingénieurs et le service marketing, ils ont ainsi pu innover, au point que les produits maison comme la tente « instantanée » sont devenus des best-sellers.

Mais ils ont aussi subi des flops. L'innovation n'est pas une science exacte. Elle coûte cher et peut être sacrifiée au profit d'une rentabilité à court terme. On frémit quand on constate que c'est dans la masse salariale de ses chercheurs et de ses sous-traitants que compter tailler Peugeot pour faire des économies : 1 600 postes seraient supprimés en 2012… Quelle image cette marque va-t-elle colporter auprès de jeunes pour qui la création est vitale aussi bien pour l'entreprise que pour eux ? On ne voudrait pas être à la place des recruteurs de Peugeot dans les années à venir. Que vont-ils pouvoir dire à de jeunes diplômés qui vont les harceler de questions sur la

1. Ces propos ont été tenus lors d'un colloque monté par l'AEF à l'ESCP en décembre 2011 sur le thème « Les écoles de management à 2020 : quelles attentes de la société ? ».

stratégie d'une entreprise qui semble sacrifier tout au présent ?

Souvent, les petites entreprises se révèlent plus aptes à promouvoir les talents. « Nous avons de moins en moins envie de travailler dans de grands groupes », disent, unanimes, ces élèves d'une grande école de retour de différents stages, déçus de voir qu'on leur a « confié une tâche précise sans leur laisser la possibilité d'en sortir ». « Oui, mais attention aussi aux faibles capacités d'innovation de ces petites entreprises », nuance Yann Truong, responsable de la chaire innovation de l'ESC Rennes School of Business, qui insiste sur leur « manque de moyens financiers » et regrette que la France ne soit pas capable d'avoir « plus d'entreprises intermédiaires, de 1 000 à 2 000 personnes, comme en Allemagne ». Spécialisé dans l'innovation des sources de financement des entreprises, Yann Truong constate :

> Il y a d'énormes ressources d'innovation en France mais elles sont souvent bloquées faute de moyens ou à cause d'une démarche trop *techno-drived* [conduite par la seule technologie] et sans *business plan* valable. La différence entre l'invention et l'innovation, c'est que l'innovation se monétise ». Un beau défi pour nos jeunes créateurs.

CHAPITRE 13

Hommes et femmes : des Y comme les autres ?

Il est frappant de constater que, dans toutes les études sur la génération Y, aucune différence n'est jamais faite entre les hommes et les femmes. Pourtant, force est de constater que, derrière l'égalité de façade que nous croyons avoir mise en place entre hommes et femmes, se cachent encore de grandes inégalités. La situation évolue, comme l'expliquent les chercheurs Dominique Méda et Patricia Vendramin[1] :

> La jeunesse au travail rend ainsi compte d'un rapprochement des modèles de genre en matière d'engagement dans le travail, c'est-à-dire une féminisation du modèle masculin et une masculinisation du modèle féminin.

Isabelle Liotta, chargée à l'École des Mines de Paris de l'orientation des futurs ingénieurs, le confirme :

> Les étudiantes posent logiquement beaucoup plus de questions sur la possibilité d'avoir des enfants tout en menant leur vie professionnelle. Mais les garçons aussi demandent comment prendre un jour leurs congés paternité. Tous veulent un style de vie qui conjugue confort et plaisir.

1. « Les générations entretiennent-elles un rapport différent au travail ? », in *Sociologies*, *op. cit.* (http://sociologies.revues.org/index3349.html).

Mais gare aux retours en arrière prônés par les admirateurs de la « femme mère » et les *addicts* du *pater familias* ! Les Y sont à une vraie croisée des chemins : certains voudraient les remettre dans des rôles traditionnels, quand on constate qu'ils commencent à peine à s'en émanciper.

CARRIÈRES : UNE STRATÉGIE « VISCÉRALE » POUR LES FEMMES

Si les choix de carrière des hommes et des femmes sont sans cesse plus guidés par des aspirations communes, ils n'en restent pas moins souvent caricaturaux des différences liées au sexe. « Les femmes sont souvent dans une stratégie "viscérale" en choisissant plus ou moins consciemment des professions dans le cadre desquelles elles peuvent s'occuper des autres, comme la médecine ou la magistrature, où elles sont aujourd'hui majoritaires », constate Renaud Redien-Collot[1], psycho-sociologue spécialiste des questions liées aux discriminations dont sont victimes les femmes à l'école et au travail[2]. Au total, les secteurs de l'éducation, la santé et l'action sociale comportent près de 73 % de femmes. « Les femmes choisissent plus naturellement d'aller vers le secteur public et sont moins impactées par la crise que les hommes », note Mark Smith, professeur de ressources humaines à Grenoble École

1. Dans l'entretien « Après la libération de la femme, aujourd'hui l'homme se réaffirme » avec Olivier Rollot pour lemonde.fr

2. Renaud Redien-Collot est également président du conseil scientifique de l'organisme Women Equity For Growth (http://www.women-equity.org).

de management et expert auprès de la Commission européenne sur les relations hommes/femmes.

Cette féminisation, on la constate également dans des études très valorisées comme la médecine – 60 % de femmes sur les bancs des facultés – ou à l'École nationale de la magistrature (ENM), dont la promotion 2010 compte plus de 80 % de jeunes femmes. Une telle féminisation interpelle l'ENM et son directeur, Jean-François Thony :

> Plus encore que les autres professions, la magistrature doit s'efforcer de refléter la diversité de la société au nom de qui elle rend la justice. Il n'est bien entendu pas question d'instaurer des quotas comme pour les conseils d'administration des entreprises, mais nous avons entrepris une réflexion pour étudier les fondements sociologiques des représentations de la justice chez les jeunes, afin de pouvoir prendre des mesures pour attirer plus massivement les garçons vers le concours.

Mais s'il y a plus de jeunes femmes que de jeunes hommes à l'ENM, c'est aussi un résultat statistique, parce qu'on compte beaucoup plus de femmes que d'hommes dans les études de droit. Comme avec les études de médecine, on y accède à des métiers qui permettent à la fois de rebondir après un arrêt prolongé – maternité, puis coupure dans la carrière pour élever ses enfants – et de s'organiser relativement comme on le souhaite. Ce sont également des métiers très valorisants et qui ont un impact palpable (« viscéral ») sur la société. Il y donc peu de chances pour que les très bonnes élèves y laissent leurs place aux garçons dans les années à venir…

Enseignement supérieur : où sont les filles ?

Écoles paramédicales	83 %
Écoles sociales	80 %
Langues (licence)	74 %
Lettres-SHS (licence)	71 %
Écoles littéraires et journalisme	69 %
Médecine (premier cycle)	66 %
Droit-sciences politiques (licence)	65 %
Université	**59,2 %**
ENSEMBLE	**56 %**
Écoles d'architecture	53 %
BTS	**50,8 %**
Management	48 %
Classes préparatoires	**42,7 %**
DUT	**40,3 %**
Sciences	39 %
Écoles d'ingénieurs	**25,5 %**

Source : DEPP, « Filles et garçons sur le chemin de l'égalité, de l'école à l'enseignement supérieur », 2011, à retrouver sur http://eduscol.education.fr/cid47775/filles-garcons-sur-chemin-egalite.html

OÙ SONT LES FEMMES DANS L'ENSEIGNEMENT SUPÉRIEUR ?

Si 56 % des étudiants sont des étudiantes, la féminisation des filières d'enseignement supérieur reste très inégale. Ainsi, les femmes sont majoritaires à l'Université avec plus de 59 % des effectifs toutes filières confondues, mais ne sont qu'un peu plus de 40 % dans les IUT, un peu moins de 43 % en classes préparatoires et un peu plus d'un quart dans les écoles d'ingénieurs. En BTS, elles représentent plus de la moitié des effectifs mais sont largement plus nombreuses dans les services (69 %) que dans la production (41 %). À l'Université, si c'est en langues qu'elles atteignent la proportion la plus importante (75 %), elles sont également les plus nombreuses dans les disciplines les plus prestigieuses que sont la médecine-odontologie et le droit (près de 65 %), mais très minoritaires en sciences fondamentales (30 %).

En dépit de toutes les campagnes de promotion comme : « Tu seras ingénieure, ma fille » [1], les femmes restent bien à l'écart de la plupart des filières scientifiques, médecine et biologie exceptée. « En DUT informatique, nous étions trois femmes sur cinquante élèves », se souvient Juliette, une étudiante aujourd'hui en MIAGE[2], où elles sont 7 pour 27 élèves, bien forcée d'admettre que si, pour elle, l'informatique était un choix naturel, c'est aussi parce que ses deux parents étaient informaticiens. Un désamour qu'on retrouve en prépa,

1. http://www.tuserasingenieure.com
2. Méthodes informatiques appliquées à la gestion des entreprises.

où les femmes sont très majoritaires en lettres (75 % !) et en économie (55 %), mais seulement 30 % en sciences.

« Tout le paradoxe est que les entreprises veulent recruter des femmes ingénieurs pour diversifier leurs cadres », constate Paul Jacquet, administrateur général du groupe Grenoble INP, qui regrette de constater que « les filles réussissent très bien en S, même mieux que les garçons, mais on ne les retrouve pas dans nos écoles ensuite ». Lui-même informaticien, Paul Jacquet a vu le mouvement contraire dans les filières informatiques, par exemple en DUT :

> Il y a trente ans, on y retrouvait des garçons et des filles à parité. Aujourd'hui, il n'y a quasiment plus que des garçons et le phénomène s'autoalimente. Moins il y a de filles dans une filière, moins les candidates sont nombreuses.

Être une femme ingénieure…

Si les femmes choisissent tel secteur plutôt que tel autre, ce n'est pas seulement par appétence mais souvent aussi parce qu'elles craignent d'y être mal traitées. Un sujet propice aux débats comme sur le blog « Il y a une vie après le bac » [1], où la discussion s'est vite centrée sur le métier emblématique d'ingénieur. Nah dit avoir détesté être une femme ingénieure :

> Je suis ingénieure et diplômée d'HEC, et bien contente de ne plus travailler dans l'ingénierie. L'atmosphère est lourde, les blagues salaces, les mâles ingénieurs créent une ambiance à celui qui aura la plus longue, incapables qu'ils sont de tra-

1. http://orientation.blog.lemonde.fr/2011/02/25/ou-etudient-les-filles-ce-que-vous-en-dites

vailler en synergie, et bonjour les discussions à midi entre le bricolage et les voitures ! J'y ai perdu les plus belles années de ma vie. Je doute que ce style de vie convienne aux femmes, nous sommes trop subtiles pour cela...

Au contraire, Libo se dit passionnée par son métier :

> Je suis ingénieur en mécanique, même si j'ai joué à la poupée et à la Barbie durant toute mon enfance. Je ne m'y sens absolument pas discriminée et je n'ai rencontré aucune difficulté liée à mon sexe durant mes études.

Comment changer l'image des métiers d'ingénieur pour y attirer plus de jeunes filles ? L'association des femmes ingénieurs[1] y travaille en organisant par exemple des journées « 1 000 Ambassadrices », où se rencontrent des élèves des filières scientifiques et des femmes en activité. Delphine Virte, secrétaire générale de l'association, décrit le but de ces journées :

> Nous présentons seulement nos métiers, nos parcours, pour montrer aux jeunes filles (et aux jeunes garçons) qu'elles aussi peuvent devenir ingénieurs ou scientifiques. On ne peut pas avoir envie de ce qu'on ne connaît pas, et l'influence d'un rôle-modèle est déterminant pour le choix d'orientation.

1. www.femmes-ingenieurs.org. Voir également l'article de *ParisTech Review* : « Pourquoi n'y a-t-il pas plus de femmes ingénieures ? » (http://www.paristechreview.com/2010/09/29/pourquoi-plus-femmes-ingenieures).

MÊME APRÈS UNE GRANDE ÉCOLE, LES FEMMES RESTENT DÉFAVORISÉES

On pourrait croire que le « passeport » grande école suffit à lisser les inégalités à l'embauche des jeunes diplômés. L'enquête d'insertion ce ces jeunes diplômés de la Conférence des Grandes écoles, portant sur les diplômés 2010 un an après, dissipe malheureusement nos illusions. Si le pourcentage de diplômés en recherche d'emploi a fortement augmenté en comparaison d'une promotion 2009 qui a connu de front les effets de la crise, cette amélioration profite en effet d'abord aux hommes : y avait 21,3 % de femmes pour 18,3 % d'hommes en recherche d'emploi en 2010, contre 16,4 et 11,2 % cette année : l'embellie est de 7 % pour les hommes contre seulement 5 % pour les femmes…

On retrouve ces inégalités de façon encore plus flagrante lorsque l'on regarde la part de jeunes diplômés 2010 qui ont obtenu un CDI : elle est de 80,6 % pour les hommes, pour seulement 68 % pour les femmes. Et encore est-ce une moyenne puisque chez les ingénieures, on baisse même à 65,3 % (80,6 % pour les hommes) alors que le différentiel est quand même de près de 9 % chez les managers : 81 % de CDI pour les hommes contre 72,7 % pour les femmes.

Au total, les femmes diplômées des grandes écoles sont deux fois plus nombreuses à être en contrat à durée déterminée (CDD) que les hommes. Elles sont également plus fréquemment en intérim l'année suivant la sortie de l'école. Elles ont moins souvent le statut de cadre : 83,1 % des femmes ingénieurs et 76,8 % des femmes managers l'obtiennent, contre, respectivement, 93,7 % des hommes ingénieurs et

83,4 % des hommes managers. Face à ces inégalités d'insertion, la CGE note que « les ingénieurs, particulièrement les femmes, poursuivent plus souvent des études que les managers et s'inscrivent plus souvent en thèse ».

Les salaires des diplômés 2010 des grandes écoles un an après

Quels que soient le lieu de travail et le type d'école, les écarts salariaux annuels entre hommes et femme sont, en moyenne, de 3 000 € en province, 2 500 € en région parisienne et 6 000 € à l'étranger.

	Province (y compris DOM)	Île-de-France	Étranger	**Ensemble**
Hommes	33 025 €	37 239 €	43 023 €	**35 520 €**
Femmes	29 977 €	34 824 €	39 142 €	**32 490 €**
Total	**32 233 €**	**36 580 €**	**41 933 €**	***34 790 €***
Managers				
Hommes	34 237 €	40 492 €	50 531 €	**40 940 €**
Femmes	30 642 €	36 375 €	40 856 €	**35 740 €**
Total	**32 393 €**	**38 444 €**	**46 602 €**	***38 420 €***
Ensemble				
Hommes	33 155 €	38 159 €	45 724 €	**36 770 €**
Femmes	30 146 €	35 587 €	39 766 €	**33 880 €**
Total	**32 246 €**	**37 201 €**	**43 737€**	***35 840 €***

Source : Conférence des grandes écoles, enquête salaires 2011, à retrouver sur http://www.cge.asso.fr/cadre_publications.html

BRISER UN « PLAFOND DE VERRE »

De façon emblématique, une loi impose un quota de 40 % de femmes en 2017 dans les conseils d'administrations des entreprises de plus de 500 salariés. Va-t-elle enfin faire vraiment évoluer les mentalités ? Renaud Redien-Collot en doute si ce mouvement n'est pas accompagné d'une véritable prise de conscience des embûches que l'entreprise continue à créer à ses cadres féminins :

> Les dirigeants pensent que le pouvoir doit être masculin. Aujourd'hui, un bon leader, qu'il soit d'ailleurs un homme ou une femme, doit être masculin tout en neutralisant certains aspects « machistes » de sa personnalité. Créer des quotas va donner un appel d'air mais ne résoudra rien si les entreprises ne prennent garde à faire peu à peu progresser leurs cadres féminins.

Or, on ne veut pas admettre que, dans des groupes mixtes, les femmes ont souvent du mal à s'imposer, ou même à poser des questions.

> On ne veut pas considérer qu'elles interagissent mieux et trouvent plus facilement les outils hors de la présence d'hommes. Souvent, ceux-ci s'imposent parce que les femmes se sous-estiment. On constate par exemple qu'elles emploient souvent le mot « petit » (« petit projet », « petite idée »). En les formants, nous leur apprenons à se valoriser. Il faut qu'émerge une vraie réflexion pédagogique ciblant spécifiquement les femmes.

Cette nécessité de proposer des séances de préparation adaptées aux jeunes femmes pour les aider à mieux utiliser leur potentiel, on la retrouve dans le rapport du jury de l'École nationale d'administration en 2010[1]. Ses membres disent avoir beaucoup regretté de ne pas voir plus de candidates admissibles, mais aussi que cette proportion se soit encore réduite après les oraux. Et de stigmatiser le « manque de confiance en soi que certaines candidates laissaient apparaître, malgré un CV très intéressant ». Au total, le taux de féminisation était même en baisse cette année-là, avec seulement 32,5 % (contre près de 39 % en 2008).

FACE À L'ENTREPRISE : DEUX STRATÉGIES

L'intérêt des jeunes femmes de la génération Y se retrouve dans leurs choix d'entreprise. Si Google est l'entreprise préférée des jeunes ingénieurs et managers interrogés par le cabinet Universum[2], c'est L'Oréal qui l'emporte chez les jeunes femmes managers, alors que l'enseigne n'est que 39e pour leurs homologues masculins. De la même façon, Procter & Gamble est 5e chez les femmes et 28e chez les hommes, Nestlé 5e et 29e, Unilever 10e et 37e : des marqueurs très nettement sexués.

Plus globalement, note Universum, « le secteur des biens de grande consommation est globalement et habituellement plus attractif pour les femmes, alors que l'automobile et la banque attirent principalement les hommes ». Un exemple :

1. À lire sur le site de l'ENA : http://www.ena.fr/index.php?/fr/formation/initiale/Concours-d-entree/lectures-utiles-textes-officiels#rapport

2. Étude sur « Les entreprises préférées des étudiants » accessible sur www.universumglobal.com

Daimler/Mercedes-Benz est la 26e entreprise préférée des hommes, quand elle n'arrive qu'en 65e position chez les femmes. Et souvent, ces entreprises sont celles qui paient mieux. Universum relève que les différences de salaires entre femmes et hommes restent très significatives. Les femmes étudiant dans les plus grandes universités ou écoles européennes ont ainsi en moyenne « une attente salariale annuelle de 8 600 € inférieure à leurs homologues masculins, soit un écart de 21 % ».

Dans la même étude, on constate aussi que jeunes femmes et jeunes hommes n'imaginent pas mener leur carrière de la même façon : 34 % des hommes veulent être leader ou manager une équipe, pour seulement 22 % des femmes. Celles-ci accordent plus d'importance à la sécurité de l'emploi (36 % contre 26 % des hommes). Mais surtout, être « dédié à une cause et servir une cause juste » (32 % des femmes pour 23 % des hommes) ou « travailler pour une entreprise ayant de hauts standards éthiques » (30 % des femmes pour 20 % chez les hommes) leur importent beaucoup plus que de travailler pour une grande entreprise (24 % contre 31 %).

Isabelle Liotta (École des Mines de Paris) constate ces différences en rencontrant les étudiantes de l'école :

> Elles ont une démarche moins carriériste et, par exemple, moins tendance à s'inscrire sur des réseaux. Elles souffrent ainsi parfois du syndrome de la "bonne élève", celle qui croit toujours qu'elle va tout obtenir tout simplement parce qu'elle travaille bien.

Oui, mais l'entreprise est très différente et privilégie souvent celui qui se met en avant au détriment de celui qui fait discrètement son travail. Il faut bien admettre alors que des hommes qui ont appris depuis toujours à revendiquer prennent souvent l'avantage sur des femmes moins portées à se mettre en avant. « De plus, elles établissent souvent une barrière très forte entre leur vie privée et professionnelle. Elles ne vont pas au bar le soir avec leurs collègues, ne jouent pas au foot et se privent ainsi d'un fort effet réseau », note Mark Smith. Un phénomène qui reste important, même si hommes aussi bien que femmes Y revendiquent tous deux de donner une plus grande importance à leur vie privée.

D'OÙ VIENNENT CES DIFFÉRENCES ?

C'est dès la toute petite enfance que l'identité sexuée est imposée par les parents. « Dans nos sociétés, nous n'imposons pas aujourd'hui à nos enfants tel ou tel comportement, constate Renaud Redien-Collot[1]. Mais, pour autant, nous essayons de les éduquer en fonction de normes collectives qui disent ce qui est ou non acceptable. » À 80 %, les parents sont normatifs, par exemple sur les jouets qu'on offre à une petite fille et pas à petit garçon pour Noël, et inversement. Dans le couple, la capacité de glissement du féminin au masculin, entre autres sur le travail ménager, est essentielle pour permettre aux enfants de comprendre qu'il peut y avoir interchangeabilité des rôles. Mais comment empêcher les parents d'offrir des poupées à leurs filles et des Lego à leurs garçons ?

1. *In* « Après la libération de la femme, aujourd'hui l'homme se réaffirme », entretien avec Olivier Rollot publié sur lemonde.fr en juin 2011.

Ce retour aux fondamentaux prend une allure tragicomique quand on voit de petites filles habillées et maquillées comme des femmes par des parents trop heureux d'en faire de jeunes bimbos à la Little Miss Sunshine. Sans oublier les médias, qui publient des photos d'enfants en leur donnant un caractère sexuel ! Ce qu'on appelle l'« hypersexualisation des petites filles » est devenu un vrai sujet de société : une mission parlementaire a travaillé sur la publication d'une charte pour « établir des principes visant à ne plus promouvoir dans les médias des reportages, produits ou services qui encouragent l'hypersexualisation des petites filles ». Mais que dire aux parents qui font participer leurs enfants à des concours de lolitas ? Comment leur faire comprendre qu'ils les renvoient à la vision la plus archaïque de la féminité tout en mettant en danger leur développement psychologique ?

Dans leur famille, les filles se voient aussi donner moins de liberté que leurs frères, entre autres parce que les parents ont bien plus peur qu'elles soient agressées. Ceux-ci veulent donc les garder la maison le plus longtemps possible, pour les protéger mais aussi parce qu'on considère qu'elles font plus partie de la famille que les garçons. Elles partent ainsi plus rarement que leurs frères en pension ou en apprentissage. Renaud Redien-Collot l'analyse ainsi :

> Elles auront aussi du mal à convaincre leur famille d'aller poursuivre des études loin de chez elles. Plus tard, elles devront prendre soin de leurs parents âgés. Elles sont en quelque sorte un « objet parental », quand les garçons sont un « sujet parental » auquel on veut donner de l'autonomie.

Ce type de discriminations est le plus souvent inconscient et limite l'ère de compétence laissée par la société aux femmes dès l'école. Tout au long de leur vie, qu'il s'agisse de leur vie personnelle, familiale et professionnelle, les femmes doivent en conséquence faire davantage leurs preuves que les hommes. Comme depuis toujours, mais peut être plus encore depuis quelques années, à mesure que le chômage augmente et que la question même du travail des femmes – par le prisme des mères – revient sur le devant de la scène.

LE RETOUR DE LA « FEMME MÈRE »

Dans une sorte de mouvement de bascule inhérent à leur histoire, les droits des femmes sont de nouveau attaqués depuis quelques années dans les sociétés occidentales. « Nous avons d'abord assisté à l'affirmation de certains éléments féminins puis à une crise du masculin et aujourd'hui, à une réaffirmation du masculin, explique encore Renaud Redien-Collot. On peut même dire que tout le monde est mobilisé aujourd'hui pour défendre le masculin. » Ces mouvements d'avancée et de régressions sont courants dans l'histoire française. On les constate dès le XIIe siècle, puis par exemple avec une Révolution française émancipatrice, suivie d'un Code civil très patriarcal. La génération Y au féminin a ainsi quasiment perdu la possibilité de se mettre en jupe si elle ne veut pas être constamment agressée verbalement dans la rue. Le film *La journée de la jupe*[1] a ainsi fait prendre conscience à

1. Un film de Jean-Paul Lilienfeld, avec Isabelle Adjani et Denis Podalydès, 2008.

tous que même des droits qui paraissaient acquis depuis longtemps pouvaient être remis en cause par une pression sociale machiste.

Devenue mère, la jeune Y va être confrontée à de forts dilemmes, dont le premier est celui de l'allaitement. La pression exercée dans les hôpitaux au nom de la bonne santé de l'enfant est aujourd'hui terrible pour inciter les mères à allaiter. Mais le faire, c'est forcément prendre pour la femme toute la charge de l'alimentation de son bébé pendant de longs mois. C'est donc tout à la fois exclure le mari et se renfermer dans un rôle « classique » de mère. Mais ce ne serait rien si, après ces premiers mois symbiotiques avec son bébé, ne se profilait pas pour elle le retour idéalisé à la mère au foyer des années 1950. Alors qu'on ne se lasse pas de brocarder la mauvaise éducation des enfants, il est tentant d'imaginer qu'une mère à cent pour cent serait mieux à même de les élever. Sans parler de ceux qui rêvent d'une mère écolo qui laverait les couches au lieu de les jeter !

Dans son livre très controversé *Le Conflit, la femme et la mère*[1], la philosophe Élisabeth Badinter met en garde les jeunes mères qui lâcheraient tout à trente ans pour « se retrouver à devoir vivre avec un homme qui vous dégoûte à cinquante car on n'a plus les moyens de partir ». Pour autant, des femmes de plus en plus nombreuses prennent le risque au nom du retour de la « fibre maternelle ». « Il reste plus acceptable pour une femme que pour un homme de ne pas travailler. Mais cela crée une discrimination de fait, car elles auront ensuite beaucoup de mal à rattraper le temps perdu », commente Mark Smith. Sans parler de l'accomplissement per-

1. É. Badinter, *Le Conflit, la femme et la mère*, Flammarion, 2010.

sonnel des femmes : peut-on imaginer que toutes les mères – de plus en plus surdiplômées – puissent s'épanouir seulement dans la maternité ? Et leurs enfants peuvent-ils vraiment s'épanouir si leurs mères ne le sont pas ? À l'adolescence, le sentiment de culpabilité qu'ils risquent de ressentir en constatant que leurs mères leur ont tout sacrifié risque d'être inversement proportionnel à cet investissement. Il faudrait de surcroît évoquer le cas de toutes celles qui risquent de ne plus vouloir être mères – comme c'est le cas aujourd'hui en Allemagne – pour ne pas avoir à affronter l'opprobre d'une partie de la société qui glorifie la « femme mère » et conspue la « mère au travail ». Alors qu'elles sont en âge de procréer ou encore adolescentes, les jeunes filles et femmes Y vont devoir affronter ces dilemmes et résister à la pression d'une grande partie de la société.

PAS FACILE NON PLUS, D'ÊTRE UN GARÇON

Eh non ! il n'est pas facile non plus d'être un garçon. « On assiste même aujourd'hui à une régression à l'école avec un « pédé ! » qui s'impose comme la première injure des cours de récré », reprend Renaud Redien-Collot. Il existe en effet une très forte pression sur les jeunes garçons pour s'imposer comme tels. Le garçon peut être l'enfant terrible de la famille, surtout s'il est l'aîné : c'est interdit aux filles. « La masculinité s'exprime finalement dans la désobéissance, quand la féminité se mesure à son adaptabilité aux situations sans conflit », confie le sociologue. L'école semble avoir admis que la transgression est dans les gènes des garçons et qu'ils ont à se défouler, à se battre. Sylvie Ayral, auteur de *La Fabrique des garçons*[1], observe :

> Quand il y une bagarre entre garçons, tout le monde trouve ça normal. Il faut presque qu'on en arrive à ce qui relève du pénal pour qu'on s'en occupe. Une bagarre entre filles, au contraire, et tout le monde s'inquiète.

C'est d'autant plus grave que l'école sanctionne aujourd'hui davantage et que 80 % des punitions touchent des garçons. Cela ne signifie pas que 80 % des garçons sont punis, mais qu'une minorité y trouve une sorte d'accomplissement viril. « Pour entrer dans les standards de la virilité, un garçon se doit de défier l'autorité, analyse Sylvie Ayral. La sanction devient alors une "médaille" de virilité. » Bagarres, indiscipline, transgression, pour de trop nombreux garçons, l'identité masculine se construit toujours, et peut-être même davantage aujourd'hui, dans une spirale menant à l'échec scolaire. La sociologue de l'éducation Marie Duru-Bellat soulève le débat en s'interrogeant[2]: « [les garçons font face] à un réel dilemme : apparaître "viril" ou être un bon élève… » Mais pourquoi ce choix absurde perdure-t-il ? Il s'aggrave, même, à l'heure où Internet permet de mettre en ligne les vidéos de ses « exploits ». C'est à se demander si l'attitude transgressive ne rassure par des parents obsédés par la virilité de leurs garçons.

1. Sylvie Ayral, *La Fabrique des garçons. Sanctions et genre au collège*, PUF, 2011.
2. *In* « École de garçons et école de filles », revue *Diversité*, 2004.

CHAPITRE 14

Génération sexe ?

La révolution sexuelle était au programme des années 1960. Le Y des années 2010 est né dans une ère de grande permissivité mais aussi au temps du sida. Il doit donc se bâtir une sexualité éclairée, dont il sait qu'elle passe par des étapes de découverte, de jeux amoureux puis de vie en couple ; puis éventuellement par un divorce, de nouvelles rencontres, de nouveaux jeux. Il sait aussi qu'il pourra mieux vivre son éventuelle homosexualité que les générations précédentes pour peu qu'il habite dans une grande ville. Il a face à lui une grande palette de possibles, comme l'expliquent Nathalie Bajos et Michel Bozon dans leur Enquête sur la sexualité en France[1], un ouvrage où l'on apprend par exemple que 4 % des hommes comme des femmes déclarent avoir déjà eu des pratiques homosexuelles. Un chiffre en forte hausse chez les jeunes, les diplômés et les femmes. Être homosexuel ou bisexuel est de plus en plus facilement accepté et c'est l'un des grands acquis de la génération Y. Ou plutôt d'une certaine génération Y : sexuellement, plus que dans tous leurs autres comportements, les Y sont une génération contrastée.

1. Nathalie Bajos et Michel Bozon, Enquête sur la sexualité en France. Pratiques, genre et santé, La Découverte, 2008.

LES FEMMES, DES HOMMES COMME LES AUTRES ?

L'âge moyen du premier rapport sexuel (17,6 ans pour les femmes, 17,2 pour les hommes) est aujourd'hui proche alors qu'il y a cinquante ans, les femmes avaient près de deux ans de retard sur les hommes : 20,6 ans pour elles, contre 18,6 pour eux. Pour autant, jeunes femmes et jeunes hommes semblent continuer à en avoir une vision bien différente, si l'on en croit l'Institut national d'études démographiques. Sur le site de l'institution [1], on peut lire :

> Les hommes voient plutôt l'initiation comme un apprentissage personnel et ne l'associent pas forcément à l'entrée dans une relation. Ils se déclarent rarement amoureux de leur première partenaire, et une proportion élevée ont leur premier rapport sexuel avec une femme plus âgée. Les femmes, au contraire, l'envisagent comme le signe d'un engagement amoureux. Le premier partenaire est systématiquement plus âgé qu'elles, comme le sera le premier conjoint.

Cette différenciation de la vision du premier rapport sexuel se retrouve par la suite. Nathalie Bajos et Michel Bozon le regrettent [2] :

> Les représentations restent remarquablement différenciées, dans une tendance essentialiste et naturaliste tout à fait inquiétante. On a ainsi, d'un côté, l'idée majoritaire que chez l'homme,

1. www.ined.fr
2. Dans « Nathalie Bajos et Michel Bozon : les femmes, des hommes comme les autres... », article d'Emmanuelle Cosse à lire sur http://www.regards.fr/societe/sexualite-2-nathalie-bajos-et

il existe un désir et des besoins sexuels naturels et, de l'autre, que chez les femmes, il y a surtout l'amour, les sentiments et la disponibilité face au désir masculin, et ceci, fait plus inquiétant, les femmes le pensent encore plus que les hommes.

Pour autant, ils constatent aussi que tout va dans le sens d'une « sexualité féminine de plus en plus diversifiée », que ce soit dans « le nombre de partenaires, le nombre de relations avec des partenaires du même sexe ainsi que dans le répertoire des pratiques sexuelles ».

LES DÉRIVES D'UN MACHISME QUOTIDIEN

Si les pratiques féminines se libèrent, de très nombreux garçons semblent, eux, en voie de régression. Abrutis de films pornographiques, certains finissent par croire que le sexe se résume à quelques ébats mécaniques et à confondre les femmes avec la représentation qu'ils en reçoivent de l'écran. Sur le site du mouvement Nid France[1], association qui lutte contre la prostitution et les comportements y conduisant, Claudine Legardinier constate :

> L'environnement médiatique des ados est particulièrement machiste et normalise l'exhibition sexuelle : langage de certaines radios jeunes, clips, look des chanteuses et des "héroïnes" de télé-réalité, magazines pour jeunes filles misant tout sur l'image et le paraître, le savoir-faire sexuel et la séduction…

1. Dans l'article publié en 2008 « Fille, garçon, construire l'égalité », à retrouver sur le site www.prostitutionetsociete.fr

On constate aujourd'hui un accroissement des violences sexuelles faites aux jeunes filles, et notamment mineures, par des garçons également mineurs. Le viol est ainsi la première cause de condamnation de mineurs pour crimes. Claudine Legardinier le déplore :

> Avec le concours de la pornographie et du groupe de copains, le modèle social de normalité masculine reste fondé sur la performance, l'exploit sexuel et le plaisir masculin plutôt que sur la rencontre, et continue de valoriser un imaginaire qui allie alcool, sexe et violence.

On croyait avoir évolué, mais l'on régresse aussi souvent...

De la même façon, force est de remarquer la montée en puissance d'un rejet de l'homosexualité, et d'abord masculine, chez certains jeunes. Une telle attitude peut conduire au suicide ceux qui se sentent rejetés. Comme le constatent les experts de l'Institut de veille sanitaire[1],

> Chez le garçon, la construction de la masculinité à l'adolescence s'appuie particulièrement sur le rejet du féminin en soi et chez les autres. Or, le stéréotype de l'homosexualité masculine, marqué par un manque de masculinité et un « trop plein » de féminité, expose le jeune gay ou bisexuel au risque de subir l'humiliation d'être rejeté par son groupe de pairs pour cause de confusion des genres.

Le résultat : « une vulnérabilité accrue des minorités sexuelles face aux comportements suicidaires ».

1. Dans son *Bulletin épidémiologique* consacré à « L'état des lieux en France du suicide et des tentatives de suicides », décembre 2011, disponible sur www.invs.sante.fr

Génération fidélité ?

La fidélité dans le couple est une valeur en hausse chez les jeunes. Nombreux sont ainsi les couples à se former vers l'âge de dix-sept ans, voire plus jeunes, et à exister encore dix ans plus tard. Dans une étude sur l'« Évolution des valeurs des jeunes entre 1979 et 2006 », l'économiste Régis Bigot note que ce sont les moins de 30 ans qui défendent le plus la valeur d'« engagement profond » que représente le mariage : 62 %, contre 56 % chez les plus de 30 ans, une proportion qui s'est inversée en trente ans[1].

Dans ce qui peut paraître comme un paradoxe, ces mêmes jeunes sont également très favorables au principe de sa dissolution par simple accord des deux parties (à 61 %, contre 48 % pour les plus de 30 ans dans l'étude précitée). Mais, comme l'analyse Régis Bigot, « c'est justement parce que les sentiments occupent une place centrale dans le mariage que les jeunes ne tiennent pas à maintenir une union qui n'aurait plus de sens ». Heurtés par les unions parfois brinquebalantes de leurs parents, les Y veulent tout faire pour que les leurs durent. Ils entendent donc être fidèles. Mais leur quête d'absolu les pousse aussi à vite détruire ce qu'ils trouvent imparfaits. Ou comment une vision idéalisée du mariage peut pousser un jour au divorce...

1. Enquête menée pour le Centre de recherche pour l'étude et l'observation des conditions de vie (Crédoc), à retrouver sur www.credoc.fr/pdf/Sou/Valeursdesjeunesentre1979et2006.pdf

L'AMOUR AU TEMPS DE L'INTERNET

Du célébrissime Meetic au kitschissime adopteunmec.com en passant par les sites spécialisés comme l'inénarrable amour-professeur.com (destiné aux « professeurs cherchant à faire la rencontre d'une personne du même corps de métier »), l'Internet est devenu un vaste réseau de sites de rencontres permettant de se rencontrer selon ses affinités. Ainsi, muslima.com se propose de vous faire rencontrer des « milliers de célibataires musulmans » en montrant une très belle jeune femme portant une longue tunique noire et un voile. Iktoos propose des « rencontres chrétiennes », jdream est le « n°1 de la rencontre juive en France ». Mais les rencontres communautaires ne sont pas l'apanage des religions. On l'a dit, amour-professeur.com se propose de favoriser les rencontres entre professeurs, highprofilesdating.com entre cadres, be2.fr propose une partie de son site aux rencontres entre golfeurs. Quel que soit le site, on y promet la rencontre avec le partenaire idéal, celui que vous ne pourriez jamais rencontrer dans la « vraie vie », celui qui, comme vous, aime les plantes, les voyages au Mexique, mais mesure aussi plus d'un mètre quatre-vingt et possède un sourire ravageur – enfin, c'est lui qui le dit…

Les Y ne sont pas les plus touchés par la multiplication de ces sites. Encore jeunes, ils ont heureusement beaucoup d'occasions « réelles » de rencontrer des partenaires sans avoir à recourir au virtuel. Pour autant, ils sont aussi les premiers qui pourront le faire toute leur vie, voire commencer leurs relations amoureuses sur la toile, avec parfois l'illusion qu'on peut tout s'y dire... Le sociologue Jean-Claude Kaufmann, auteur de *Sex@mour*[1], raconte :

> Il y a un temps grisant de la rencontre sur la toile, et un temps *in real life*, dans la vraie vie. Sur la toile, tout est possible : on se sent protégé par l'anonymat, la confiance s'installe, on en arrive vite à des confidences, à des discussions très *hot*. Mais le deuxième temps de la rencontre intervient, et le fait d'être allé si vite sur la toile rend les choses compliquées. Il fait repartir à zéro sans que ce soit vraiment sur un terrain neutre.

Mais alors, qu'est-ce que le premier amour au temps de la Toile ? Cela peut être positif quand il s'agit de prendre son temps et de se dévoiler peu à peu. Pour certaines jeunes filles, cela peut même être le seul moyen de s'extraire d'une collectivité envahissante et qui les surveille à chaque instant. Mais la rencontre peut également se révéler traumatisante pour peu que le prince virtuel se révèle un crapaud dans le monde réel. Pour autant qu'il y ait jamais une *vraie* rencontre...

LE SEXE EST-IL PARTOUT ?

Au-delà de l'extraordinaire liberté de rencontre que semble lui donner l'Internet, le jeune Y vit dans un monde où le sexe s'est banalisé. « Il y a une présence de plus en plus grande du sexe, dont les gens voudraient qu'il soit un loisir comme les autres », explique Jean-Claude Kaufmann. Un

1. Entretien avec Charlotte Pudlowski sur le site www.20minutes.fr en mai 2010. J.-Cl. Kaufamnn, *Sex@mour*, Le Livre de poche, 2010.

loisir un peu plus compliqué et intime que les autres, pourtant… On assiste ainsi, chez certains jeunes, à l'émergence de pratiques libertines sur fond de partenaires multiples et de bisexualité. Serait-ce là un sexe libéré de toute notion amoureuse, avant d'en venir à des relations plus suivies ?

Attention, danger, en tout cas : les maladies sexuellement transmissibles font leur retour alors que la vigilance vis-à-vis du sida est en baisse. Considérée non plus comme une maladie mortelle mais simple affection chronique, celui-ci fait de moins en moins peur. Chez les homosexuels, les pratiques *bareback* (sans préservatif) se banalisent. Chez tous les jeunes, utilisation du préservatif et prévention du sida sont de moins en moins clairement associées.

Mais certains préfèrent ne même pas entendre parler de sexe et défendent des relations *no sex*. Si le mouvement n'est guère encore développé en France, exception faite de la publication du très médiatique livre *L'Envie*[1], de Sophie Fontanel, il a un écho certain de l'autre côté de l'Atlantique. Là bas, les « bals de pureté », où l'on promet de rester vierge jusqu'au mariage, se multiplient. Impossible en France ? Si, dans des familles très portées sur les valeurs religieuses, en particulier musulmanes. Comme quoi une génération n'est pas univoque. Elle a ses tendances lourdes, en matière de sexe comme ailleurs, tout en étant traversée de courants contraires.

1. S. Fontanel, *L'Envie*, Robert Laffont, 2011. Cette journaliste de quarante-huit ans y raconte qu'elle vit dans l'abstinence sexuelle depuis dix ans.

CHAPITRE 15

Génération apolitique… vraiment ?

2012 est une année toute particulière pour la vie politique : pour la première fois, les deux tiers de la génération Y – ceux nés avant 1994 – vont voter aux élections présidentielle et législative en France et, aux États-Unis, à l'élection présidentielle. En 2008, le Net avait déjà joué un rôle majeur dans l'élection de Barack Obama. Quatre ans plus tard, il aura encore plus d'importance avec la montée en puissance des Y chez les militants. Et ce, d'autant que l'élection présidentielle est devenue le seul moment où les jeunes s'intéressent vraiment à la politique.

Ces élections suffisent-elles à leur expression politique ? Que ce soit en Espagne, dans les pays arabes ou aux États-Unis, les mouvements de jeunes ont connu une immense notoriété en 2011 dans le monde… mais pas en France. Le terme « indignés » a beau être inspiré du livre du Français Stéphane Hessel, les jeunes Français n'ont que peu relayé le mouvement, sans doute parce qu'ils ne connaissent pas encore des taux de chômage aussi importants que ceux des jeunes Espagnols – 41,5 % des moins de 25 ans, le double de la moyenne européenne. Mais beaucoup craignent que le couvercle n'explose après mai 2012. « La société reste calme parce que l'élection présidentielle agit comme le couvercle d'une cocotte-minute. Mais que se passera-t-il après ? », s'interroge Brice Teinturier, directeur général de l'institut Ipsos[1].

ENTRE IMPLICATION ET ABSTENTION

Les jeunes s'intéressent de nouveau à la politique. C'est en tout cas ce que disent plus de la moitié d'entre eux, interrogés dans un sondage réalisé par Ipsos en 2011[2]. Cette proportion est proche de celle du reste de la population. C'est même le cas de 70 % des diplômés à bac + 3 et plus (mais de seulement 42 % des ouvriers). Même constat dans une enquête sur les valeurs en 2008[3], où l'on constate que près du triple de jeunes (13 % contre 5 %) se disent très intéressés par la politique par rapport à la précédente enquête de 1999. À l'inverse, ils ne sont plus que 16 % à dire que la politique n'est pas du tout importante, alors qu'ils étaient 34 % à le considérer en 1999. Et plus de la moitié disent avoir déjà participé à une manifestation.

Les fers de lance de la mobilisation des jeunes sont les activistes du web. « Internet est un projet politique dès le début. Il s'agissait pour ses créateurs de changer le monde en en créant un virtuel, qui n'appartient à personne : pas plus

1. Lors de la sixième édition des « États de la France », novembre 2011 (www.lesetatsdelafrance.com).

2. Sondage Ipsos-Logica Business Consulting pour Goom Radio, avril 2011.

3. « Enquête sur les valeurs des Français », menée par l'Association pour la recherche sur les systèmes de valeurs regroupant des enseignants et chercheurs en sociologie et science politique. Plus d'informations sur www.valeurs-france.fr

aux États qu'aux multinationales », assure Nicolas Danet[1], co-auteur du livre *Anonymous*, où il explique comment des groupes comme les célèbres Anonymous entendent aujourd'hui faire respecter cet idéal. Ce sont alors des « hacktivistes », en référence au terme *hackers*, qui désigne ceux qui utilisent les failles du web pour s'y introduire.

L'intérêt renouvelé des jeunes pour la politique qui se concrétise dans les différents mouvements des Indignés ou des Occupy Wall Street. La sociologue Anne Muxel, auteur de *L'Expérience politique des jeunes*[2], remarque :

> Les jeunes sont très présents dans le débat social, dans les mobilisations collectives. Et quand l'enjeu leur semble important, ils participent aux élections. Ils ne sont pas apathiques, repliés sur eux-mêmes et leurs seules préoccupations personnelles ; ils font de la politique autrement…

Mais ils peuvent également en être totalement absents. Si l'abstention a fortement progressé aux élections en France ces dernières années[3], c'est d'abord parce que les jeunes n'allaient pas voter, en particulier ceux des banlieues dites difficiles. Et alors que l'élection présidentielle de 2007 a été marquée par un profond retournement de situation – l'abstention au premier tour n'y a été que de 16 %, contre plus de 28 % en

1. Dans une conférence devant les élèves de l'école Sup Internet à l'occasion de la sortie de son livre Anonymous : pirates informatiques ou altermondialistes numériques ? », écrit avec Frédéric Bardeau, Éditions FYP, 2011.

2. Anne Muxel, *L'Expérience politique des jeunes*, Presses de Sciences-Po, 2001 (en téléchargement).

3. Voir Céline Braconnier et Jean-Yves Dormagen, *La Démocratie de l'abstention*, Folio Actuel, 2007.

2002 –, quelques semaines plus tard, elle atteignait le taux de record de 40 % au deuxième tour des législatives.

Motivés par l'élection présidentielle, les jeunes se désintéressent toujours plus des autres élections. Le résultat, c'est qu'on estime aujourd'hui la moyenne des électeurs allant voter de 55 ans. Rien d'étonnant alors que la moyenne d'âge des députés – 57 ans – en soit toute proche : ils ont tout simplement vieilli avec leurs électeurs. Mais peut-on encore être proche des préoccupations de ses électeurs – et notamment les plus jeunes – quand on siège dans une assemblée sans discontinuer depuis parfois plus de quarante ans ?

Les jeunes qui s'engagent en politique doivent avoir l'espoir chevillé au corps : à de rares exceptions, ils ne sont pas près d'être élus députés !

POUR QUI VOTENT LES JEUNES ?

Même s'ils votent d'abord en fonction de leur environnement parental, les jeunes le font différemment de leurs aînés. Dans un sondage auprès des jeunes effectué fin 2011 [1], ils sont ainsi 36 % à dire vouloir voter pour François Hollande au premier tour, soit 4 % de plus que le pourcentage général. Avec 22 %, Nicolas Sarkozy perd lui 3,5 points alors que Marine Le Pen est au même niveau. La différence tient là à

1. Panel « France 2012 » réalisé par l'institut Ipsos pour Le Monde, Sciences-Po Paris, le Cevipof, la Fondapol et la Fondation Jean-Jaurès (décembre 2011).

leurs catégories socio-professionnelles : plus on est diplômé, moins on vote aux extrêmes.

Le sociologue Bernard Roudet souligne[1] :

> Les analyses politiques ont montré que, depuis une quarantaine d'années, l'orientation politique dominante des jeunes générations privilégie la gauche, mais que l'écart avec la droite diminue régulièrement. [...] Alors qu'en 1981, la plus grande partie des jeunes se situaient à gauche de l'échiquier, c'est au centre qu'ils se positionnent majoritairement en 2007.

Même si elle est également attirée par les extrêmes, la génération Y se caractérise au total par sa modération. Révoltée contre le système, sûrement, mais pas au point de croire que changer diamétralement pourrait tout améliorer : comme souvent, elle fait preuve d'une grande maturité. Un candidat modéré – et surtout honnête ! – ne maniant pas l'invective, comme semble l'être François Hollande, correspond bien à ses attentes.

LA POLITIQUE À L'HEURE DU *BUZZ*

Poser des affiches, discuter pendant des heures, faire confiance à des politiques, bof... Faire du *buzz*, construire des communautés, alimenter des débats, oui. En politique comme partout ailleurs, la génération Y veut renouveler les

1. Dans une étude menée pour Institut national de la jeunesse et de l'éducation populaire, consultable sur www.injep.fr/IMG/pdf/JES_2_lien_politique_jeunes.pdf

méthodes. La campagne 2008 de Barack Obama, avec ses sites et ses *tweets*, mais aussi son porte à porte, est l'exemple à suivre. À l'heure du buzz et des réseaux sociaux, on peut faire avancer rapidement des causes pourvu qu'on trouve le bon vecteur. Et la bonne cause !

« Sur Internet, vous pouvez vous faire rapidement beaucoup d'amis mais aussi beaucoup d'ennemis. » Auteur du livre *Le Boycott*[1], Marc Drillech, ancien vice-président international de Publicis Groupe, est un fin connaisseur des mécanismes qui conduisent à jeter l'opprobre ou, au contraire, à encenser tel parti ou telle action à l'heure d'Internet, le tout en quelques heures, minutes, voire secondes.

> L'opposant n'est plus cet homme seul qui n'a que son courage et son corps pour faire face aux tanks de la place Tienanmen à Pékin. Il est devenu un protestataire communicateur, utilisant les SMS, Twitter, Facebook, les sources d'information internationales, les vidéos postées sur YouTube ou Myspace, les blogs, les sites politiques et les multiples applications du téléphone portable.

Le boycott fait partie des formes d'action politiques contestataires qu'utilisent de plus en plus les jeunes. Selon l'enquête sur les valeurs citée plus haut, le pourcentage qui dit avoir déjà participé à un boycott est ainsi passé de 9 % à 16 % entre 1999 et 2008. Avec parfois une remarquable efficacité, comme pour cette jeune Américaine, Molly Katchpole, qui a fait plier l'une des plus grandes banques du monde, la Bank of America, en 2011. Sur le site bien nommé

1. Marc Drillech, *Le Boycott*, Éditions FYP, 2011.

change.org[1], espace dédié aux pétitions, elle s'y est en effet attaquée en apprenant qu'elle allait imputer de nouveaux frais à ses clients – dont elle-même. Intitulée « No $5 Debit Card Fees » (« Non aux frais de 5 dollars sur les cartes de crédit »), sa pétition a été signée par plus de 300 000 personnes et a fini par contraindre Bank of America à renoncer à son projet. En quelques semaines, une étudiante de vingt-deux ans, issue d'une famille modeste, a fait plier un mastodonte bancaire inquiet de voir ses clients la quitter, comme l'avait déjà fait Molly.

C'est là un exemple frappant de la volonté des Y de ne pas se laisser faire et d'exploiter pour cela la force des réseaux. Pragmatiquement... Alors que Karl Marx professait que « l'humanité ne se pose jamais que des problèmes qu'elle peut résoudre », les Y sont bien obligés de constater que les hommes politiques agissent plutôt aujourd'hui dans le bricolage et l'ajustement permanent. Un « bricolage » qui nous rapproche de l'étymologie du *hacker*. Si on le connaît essentiellement dans la sphère informatique, il désigne en anglais un bricoleur et, par extension, celui qui peut tout obtenir par des moyens détournés. L'Y se reconnaît bien dans ce mode de pensée, qui proscrit l'action violente pour privilégier des actions pacifiques mais redoutablement efficaces. Plus proche de Gandhi que de Ben Laden, il a compris que la violence n'est pas la solution dans une société de communication. Les révoltes arabes ne sont pas la conséquence d'attentats, mais

1. Le site www.change.org met en ligne de très nombreuses pétitions et a emporté de beaux succès, comme celui d'avoir fait libérer de prison une mère condamnée pour avoir scolarisé sa fille dans une école qui n'était pas dans son district.

de l'immolation par le feu d'un jeune vendeur de fruits et légumes tunisien. Faire don de sa vie sans attenter à celle des autres, voilà le vrai courage qu'ont reconnu les sociétés arabes.

LES ANONYMOUS, FERS DE LANCE DE L'ACTIVISME

Comme Zorro, les justiciers de la Toile, ceux qu'on appelle les Anonymous[1], ne montrent pas leur visage et préfèrent porter un masque rappelant le terroriste anglais du XVIIe siècle Guy Fawkes, qu'on a vu récemment dans le film *V pour Vendetta*. Cette démarche masquée leur a d'abord permis de se protéger des attaques financières que l'Église de Scientologie, l'une de leurs premières cibles, risquait de porter à ses membres. La Scientologie s'est en effet fait une spécialité d'attaquer en justice tous ceux qui s'opposent à elle. Si les Anonymous s'en prennent à elle en 2008, ce n'est d'ailleurs parce qu'ils la considèrent comme une secte dangereuse mais bien parce qu'elle s'est attaqué au web libre. La Scientologie a en effet tenté de bloquer la diffusion sur le web d'une vidéo de Tom Cruise réservée à ses membres et jetant un regard assez cru sur ses pratiques[2]. Les Anonymous réagissent en bloquant les serveurs de cette Église, puis en manifestant devant ses locaux. Masqués.

1. Les communiqués des Anonymous sont à retrouver sur YouTube, par exemple celui appelant au boycott de PayPal : http://www.youtube.com/watch?v=ieD5U2VbzMw ; voir également le site owni.fr dans une infographie http://owni.fr/files/2011/11/histoire_anonymous1.jpg.

2. http://www.youtube.com/watch?v=UFBZ_uAbxS0

Depuis, ils ont acquis une célébrité mondiale en défendant le site Wikileaks en 2010. L'une de leurs actions les plus spectaculaires a été de faire se désabonner de PayPal plus de 150 000 personnes pour protester contre le non-paiement par le site de sommes données aux équipes de Julian Assange. Plus engagés encore, ses membres se sont mis aux côtés des révolutions arabes en 2011. Ils ont par exemple réussi à débloquer le réseau Internet égyptien que les militaires avaient paralysé. En 2011 encore, ils se sont attaqués aux services secrets syriens et même aux narcotrafiquants mexicains. Leur dernier grand projet est de s'en prendre aux banques pour redistribuer leur argent aux « 99 % » de personnes qu'elles ont lésé.

Le crédo principal des Anonymous n'en reste pas moins la défense à tout prix de la liberté d'expression. Leur mode opératoire est l'intrusion sur les sites liberticides et leur mise provisoire hors service ou, du moins, le détournement de certaines de leurs pages. Leur fonctionnement échappe à toute logique classique. Nicolas Danet l'analyse ainsi :

> Ils discutent sur les forums IRC[1] et se mettent d'accord. Ou pas. L'important est d'agir sur le mode *shoot first and question after* (« tirez d'abord, posez vous des questions après »). Ce qu'on appelle aussi la *do-ocracy*, parce que chacun choisit le rôle qu'il veut jouer et peut ou non participer à une action. C'est un peu comme un vol d'oiseaux : ils volent ensemble, mais un oiseau peut partir et revenir[2].

1. IRC signifie Internet Relay Chat. Le *Dictionnaire des développeurs* explique qu'il s'agit de « protocoles de chat massif multiserveurs, asynchrone et continu. Il est l'un des plus courants sur Internet. Les discussions sont organisées en channels, chaque channel correspondant à un groupe de personnes ».

2. Conférence citée, à l'école Sup Internet.

Ce que Frédéric Bardeau, son co-auteur, résume ainsi : « Il s'agit d'un concept tellement nouveau qu'il n'y a même pas de vocabulaire pour l'expliquer ».

Des oiseaux à l'ère du *cloud computing* : on comprend que les États aient peur de ces acteurs désincarnés et pourtant si actifs, promoteurs d'une sorte de nouvelle démocratie directe et... anonyme. Ils brandissent alors le gros marteau de la répression. Julian Assange, fondateur de Wikileaks, pourrait être bientôt jugé aux États-Unis pour avoir diffusé des documents confidentiels. En Suède, la condamnation en 2009 à des peines de prison de quatre jeunes accusés d'héberger un site de téléchargement gratuit a provoqué un vote en faveur du Parti pirate, nom que se donnent souvent les hackers. Car certains se brûlent les ailes quand le monde réel les rattrape. Lors des actions visant à saturer les réseaux, ceux qu'on appelle les *script kiddies*, de très jeunes hackers, sont ainsi appelés en renfort sans trop savoir ce qu'ils risquent devant la justice à s'attaquer ainsi aux grands du Net.

UN VOTE Y : LES *GEEKS* À LA CONQUÊTE DE BERLIN

Les *geeks* ne sont pas que des artistes du virtuel. Défenseurs des valeurs de libertés qui ont prévalu à la naissance du web, ils peuvent les défendre dans le monde réel s'ils sentent qu'elles sont attaquées. Personne ne donnait ainsi la moindre chance au Parti pirate allemand d'avoir des élus en septembre 2011 à Berlin. La surprise fut donc totale quand il obtint près de 9 % des voix et 15 sièges aux élections au Parlement régional. Leur programme, né en Suède en 2006 avec le premier

Parti pirate, repose d'abord sur la protection de la liberté d'expression sur Internet, mais aussi sur la légalisation du cannabis ou la création d'un revenu minimum universel. Des causes qui ne pouvaient que passionner une ville aussi *geek* que Berlin, où est né le Chaos Computer Club, association qui s'est fait de la lutte contre les lois liberticides une spécialité.

En France, le Parti pirate[1] a bien sûr le dispositif Hadopi en ligne de mire. Dans son programme politique, on peut lire :

> Le déploiement irraisonné de la vidéo-surveillance, de fichiers croisés et de bases de données interconnectées sans réel contrôle démocratique, met en place une infrastructure préoccupante, qui [...] pourrait facilement être un jour au service d'une société sécuritaire, voire fascisante.

Ou encore :

> Nous ne devons laisser aucune technologie mettre en danger les libertés civiques ; il faut au contraire en tirer parti pour permettre aux citoyens de mieux protéger leur vie privée, leur liberté de mouvement et d'expression.

Un programme dans lequel se retrouve totalement la génération Y. S'il y a quelque chose à laquelle elle tient, c'est bien cette grande liberté que lui a donnée Internet.

1. http://partipirate.org

CHAPITRE 16

Génération Z

Il est temps d'en parler. Née depuis 2000, une nouvelle génération est en train de se former, qu'on commence à appeler la génération Z, mais aussi la C (« communicative ») et souvent aussi « émos' », pour « émotionnelle ». On considère en effet que ses membres, élevés dans le culte de l'enfant-roi, sont très à l'écoute de leurs émotions. Ayant biberonné à l'ordinateur dès qu'ils ont pu approcher un clavier – et maintenant une tablette –, ils sont la première vraie génération *digital native*. À ce titre, ils risquent de rapidement donner un coup de vieux à leurs « ancêtres » les Y.

Pas toujours nés l'Internet entre les mains, les Y sont encore moins des enfants des réseaux sociaux. Les Z le sont. Même si, en théorie, Facebook n'a longtemps été ouvert qu'aux treize ans et plus, presque tous les Z ont modifié leur date de naissance pour y être présents dès leurs huit ans, voire moins ! Aujourd'hui, ils sont des utilisateurs quotidiens de ce web 2.0 faits d'outils collaboratifs (Facebook, Twitter, Youtube, etc.) qui permettent d'être connectés vingt-quatre heures sur vingt-quatre. « Les "teenaZers" se construisent ainsi autour d'un mode de communication très différent des précédents, y compris celui de la génération d'avant, pourtant elle-même déjà multi connectée », remarque Thomas Tougard[1], directeur général adjoint d'Ipsos France.

Un œil sur l'ordi et l'Ipad, l'autre sur son smartphone, où il peut visionner la télé ou écouter la radio, le Z devrait être ce mutant multitâche que le Y n'est pas encore tout à fait. Habitué à communiquer par SMS ou en 140 signes (la limite sur Twitter), il a l'esprit synthétique. Dégaînant son téléphone pour prendre des photos ou des vidéos comme il respire, il a un sens aigu de la mise en scène. Habitué à communiquer avec le monde entier en direct, il a peu à peu appris à éviter les pièges d'une communication approximative ou la mise en ligne d'informations qui pourraient le mettre en danger. En un mot, il maîtrise parfaitement le web 2.0. Hyperconnectée, élevée dans un environnement multiculturel, créative : et si c'était elle, la génération qui va vraiment tout changer ?

QUELLES SERONT LES VALEURS DE LA GÉNÉRATION Z ?

La génération Z sera-t-elle la génération du « tout est possible » ? Élevée dans la facilité d'accès à l'information et au monde, va-t-elle bouleverser tous les codes ? « Il faut être né après 1993, et avoir ainsi été vraiment élevé dans un monde digital, pour repenser vraiment l'économie en fonction des nouveaux codes nés de la montée en puissance de l'Internet », s'enthousiasme Yannick Chatelain, spécialiste des techniques avancées de marketing *on line* et professeur à Grenoble École

1. Dans un article intitulé « Les réseaux sociaux, comme marqueur générationnel », novembre 2011, à lire sur www.ipsos.fr.

de management, qui constate qu'avec Internet, on a donné une « kalachnikov à des singes », un outil d'une puissance phénoménale pour une population encore incapable de la maîtriser.

> Comme nous avons pu donner des codes d'utilisation de la télévision à nos enfants, les post-1993 seront capables d'inventer des codes d'utilisation de l'Internet et de réorganiser la société car eux en comprennent vraiment tous les enjeux. Ils n'adopteraient jamais une loi comme Hadopi,

constate le sociologue, amusé de voir que ses propres enfants – de jeunes Z – commencent à se lasser de Facebook. Faites attention, M. Zuckerberg, un petit génie va bientôt arriver et créer l'application qui rendra Facebook aussi obsolète que l'est devenu MSN Messenger...

Hyper connectés

C'est l'évidence n°1 : nous serons de plus en plus connectés et les Z le seront au premier chef. Dans les écoles et lycées, il va rapidement devenir très difficile de faire classe sans profiter de ressources informatiques qui vont se généraliser en même temps que l'usage des smartphones. Avec cent pour cent d'élèves connectés dans une classe, les applications réseaux vont se multiplier. S'il veut captiver sa classe, le professeur aura tout intérêt à lui proposer des exercices interactifs tout en vérifiant en direct les réponses de ses élèves et en les comparant, pourquoi pas ? à celles d'autres élèves ou d'autres classes. Il en ira de même dans les entreprises, lesquelles devront apprendre à travailler avec des salariés nomades et soucieux de leur indépendance.

Tactiles

C'est maintenant dès le très jeune âge que les générations à venir vont se plonger dans le monde virtuel avec les tablettes tactiles. Regarder un enfant de deux ans se servir d'un Ipad est stupéfiant ! C'est comme si l'informatique était enfin arrivée à maturité, avec des applications si intuitives qu'un enfant y navigue sans difficulté. Toute la société va peu à peu s'adapter à ces usages. Demain, les démonstrations (Power Point ou autres) se feront avec de grands écrans tactiles et interactifs, sur lequel l'intervenant déroulera sa démonstration tout en répondant aux questions en navigant. Là encore, les plus jeunes seront capables d'inventer de nombreux usages.

Hyper-communicants

Les Y veulent des réponses dès quinze ans, les Z dès huit ans et avec un aplomb inimaginable pour les adultes. En témoigne l'apostrophe adressée par le jeune Elijah[1] en décembre 2011 à la candidate républicaine – ultra-conservatrice – Michèle Bachmann. Multidiffusée sur la Toile, on y voit ce garçon dire à celle qui a fait de la lutte contre l'homosexualité son cheval de bataille : « Ma maman est gay, elle n'a pas besoin d'être soignée ». Comme lui, toute une génération s'apprête à interpeller en permanence les générations précédentes. Il va falloir qu'elles préparent de bonnes réponses !

1. http://www.youtube.com/watch?v=2K8CGeC2M_U

Immatériels

C'est une coïncidence de dates troublante. On venait à peine de terminer la construction de la Grande Bibliothèque François-Mitterrand, en 1996, quand Internet s'est démocratisé et a ainsi rendu obsolète l'idée de concentrer toutes les ressources matérielles sur un même lieu. Le mouvement n'est pas prêt de s'arrêter et la numérisation des livres commence, après celle des sons et des images. Il paraîtra certainement aussi absurde à la génération Z de posséder une grande bibliothèque de livres jamais relus qu'aux Y d'entasser des CD de musique.

Le *cloud computing* ouvre la voie à des possibilités infinies de stockage de données numériques et les ressources de la Grande Bibliothèque François-Mitterrand pourraient facilement y être accessibles. Déjà 300 000 livres sont accessibles sur le site français Gallica [1], et bien davantage sur Google Books.

Entrepreneurs

Les Y sont plus créatifs que les X, les Z le seront-ils encore plus ? Thomas Tougard estime que ceux que l'on commence à appeler les *social media natives* (« nés avec les réseaux sociaux ») auront une faculté incroyable de

> brasser les activités à distance, de faire du buzz autour d'une idée ou d'une marque, de s'adapter à leur environnement en se montrant d'une réactivité déconcertante dans l'obtention de données et le partage d'informations, et pourquoi pas, demain,

1. http://gallica.bnf.fr

de créer leur propre e-commerce de façon précoce, en lien direct avec une communauté devenue mondialisée.

À l'image de ce jeune Britannique de huit ans, Harli Jordean, qui a créé sur Internet son entreprise de vente de billes Marble King[1] (« Le roi de la bille »). Notre très jeune entrepreneur a dégagé de tels bénéfices, qu'il a embauché toute sa famille dans l'affaire ! Il entend bien maintenant développer sa marque dans le monde entier.

Écolos

Les Z seront certainement des écologistes convaincus, notamment dans des pays émergents, où les problèmes environnementaux risquent à court terme d'éclipser les bienfaits de la croissance. Les jeunes Chinois sont ceux au monde qui y prêtent déjà le plus d'attention. Que vaut un développement qui sacrifie l'environnement au point que l'air de Pékin est irrespirable ? En Europe, le réchauffement climatique, avec ses conséquences potentiellement désastreuses, devrait donner à la génération Z toutes les raisons d'être obsédée par le climat.

Anti-propriété

Ce qui risque de différencier encore davantage les Z des générations précédentes, c'est leur rapport à la propriété. Dans une société où tout se partage et tout se prête par le biais

1. http://marbleking.co.uk/

des sites spécialisés, le Z fait partie d'une génération qui va vouloir de moins en moins posséder. Pourquoi être cinq cents à posséder une scie sauteuse quand l'on ne s'en sert que cinq fois par an ? Louons-la ou prêtons-la nous. Pourquoi acheter un sac Gucci dont on va se lasser dans les trois mois ? Trouvons un site sur lequel on peut en louer un différent chaque week-end. Pourquoi acheter une voiture quand je ne m'en sers que pour les week-ends ? Louons-la ou partageons-la.

Pour paraphraser Joseph Proudhon : « La propriété, c'est le vol ». Mais ce n'est pas celui qui possède qui vole : il est volé par des entreprises qui lui vendent un bien dont il n'a que peu l'usage tout en le contraignant à immobiliser des ressources et de l'espace. Initiée par la génération X, le passage à la non-propriété des biens peut être l'un des grands marqueurs sociaux d'une génération qui va être élevée au sein de familles possédant moins de biens dispendieux et prenant l'habitude de tout se prêter. Du communisme ? Non : la mise en commun de biens dans le cadre de communautés d'intérêt fédérées sur Internet.

QUELS DÉFIS POUR LA GÉNÉRATION Z ?

Les Y commencent tout juste à le comprendre, les Z auront été élevés avec cette certitude : l'avenir qui se présente à eux sera compliqué. Ils auront quantité de défis à relever. Mais ils sont encore loin d'être au pouvoir puisque les plus âgés d'entre eux ne font qu'entrer dans leur majorité.

Une génération en révolte totale ?

Les révoltes arabes l'ont montré au printemps 2011 : une jeunesse qui ne trouve plus de quoi vivre se révolte et peut détruire un système qu'elle juge injuste. C'est ce qui risque d'arriver en Europe vers 2020, quand le retournement démographique nous aura conduits à la situation de compter moins d'actifs que de retraités. En 2006, dans Le Papy-krach[1], l'économiste Bernard Spitz parlait ainsi de la « plus incroyable spoliation générationnelle de notre histoire » et dressant le portrait d'une génération qui allait devoir se serrer la ceinture pour rembourser les dettes de la précédente. Si la ponction fiscale devient trop forte, tout le modèle peut s'écrouler.

D'autant que les jeunes ont l'impression – réelle – d'être sacrifiés au bénéfice des plus anciens. « Le minimum vieillesse est de 708 euros par mois quand le RSA est, lui, à 466 euros. Quant aux moins de 25 ans, ils ne touchent tout simplement rien », rappelle Olivier Ferrand, président de Terra Nova[2], consterné de voir qu'en France, la jeunesse a servi de « variable d'ajustement que nous avons ruinée pour maintenir notre pouvoir d'achat et notre richesse personnelle ». En 2009, dans sa tribune intitulée « La "génération Y", en a assez des "pourquoi ?" »[3], l'Y Enikao s'adressait ainsi à ses aînés :

1. *Op. cit.*

2. Lors de la sixième édition des « États de la France » en novembre 2011 (www.lesetatsdelafrance.com).

3. Publiée par Enikao sur le site owni (http://owni.fr/2009/05/10/la-generation-y-en-a-assez-des-pourquoi).

> Nous sommes moins optimistes que vous au même âge car nous savons que nous aurons moins que vous, qu'il n'y a pas à conquérir. Nous savons que nous entamons la longue liste des matches en trop sur un front purement économique. L'avenir est sombre et en plus, vous vieillissez en refusant de mourir assez tôt ! Allez, on vous aime bien, on vous garde quand même…

Si la solidarité entre les générations – à l'image d'une Espagne qui arrive à gérer un chômage des jeunes de près de 50 % – perdure ou s'instaure, le système peut ne pas imploser. Mais rien n'est gagné quand l'on constate qu'un nombre croissant d'héritiers n'ont d'autre choix que de refuser leur succession : leurs parents ont en effet non seulement dilapidé le patrimoine pour maintenir leur niveau de vie jusqu'à un âge très avancé, mais ils ont aussi dû s'endetter ! Et que dire à ceux dont les familles n'ont même pas pu bénéficier d'une certaine richesse et n'ont personne vers qui se tourner ? À tous, ne restera-t-il que le travail au noir pour échapper à l'impôt ? Revenons-en aux révoltes arabes : elles ont débuté après l'immolation par le feu d'un jeune vendeur de fruits et légumes, Mohamed Bouaziz, à qui l'on avait confisqué son chariot parce qu'il ne voulait pas payer de taxes…

Un grand retour en arrière dans l'éducation ?

« Il est interdit d'interdire », disait-on en 1968. Y est-on arrivé pour les Z ? Comme toujours, le problème est celui de l'équilibre et il faut se méfier des retours en arrière radicaux, à l'image de celui que prône l'emblématique auteure américaine Amy Chua dans *L'hymne de bataille de la mère tigre*[1], un ouvrage très controversé. Cette fille d'immigrants chinois installés aux États-Unis y explique comment, devenue professeur au sein de la célèbre université de Yale, elle a utilisé les méthodes coercitives prônées par ses parents pour éduquer ses propres enfants. « Les hautes attentes qu'avaient mes parents pour moi ont été le plus beau cadeau qu'on m'a jamais donné », avance-t-elle. Elle a par exemple imposé à ses enfants d'avoir deux ans d'avance sur les autres en maths.

Autre principe absolu : Amy Chua prend toujours le parti des professeurs contre ses propres enfants. Elle promeut donc une éducation diamétralement opposée de celle prônée aujourd'hui en Occident. « Les parents chinois peuvent ordonner à leurs enfants de n'avoir que les meilleures notes, tandis que les Occidentaux doivent se contenter de demander aux leurs de faire de leur mieux », écrit-elle, avant d'asséner :

> Les parents occidentaux se font énormément de souci pour l'amour propre de leur enfant, s'inquiètent de ses sentiments s'il subit un échec. [...] Ils sont inquiets pour leur psychisme. Pas les parents chinois, qui présument la force, non la fragilité, et par conséquent, se comportent très différemment.

Mais Amy Chua est loin d'être la seule à militer pour un retour à l'autorité des parents et des professeurs. En France, l'association de parents SOS éducation[2] prône ainsi le pouvoir absolu du prof' dans sa classe, regrettant qu'aucun professeur ne puisse plus « obtenir d'exclusion, même temporaire, s'il n'a pas réuni un dossier, comme au tribunal ».

1. Amy Chua, *L'hymne de bataille de la mère tigre*, Gallimard, 2011 (voir son site http://amychua.com).
2. www.soseducation.com

Les principes généraux du droit, SOS éducation n'en a cure, au risque de mettre en péril des professeurs qui risqueront tout simplement d'être condamnés par la justice.

Le professeur Jean-Paul Brighelli s'est également fait le héraut d'un retour à l'autorité depuis la publication de *La Fabrique du crétin*[1]. Dans son esprit, les crétins sont ces Y que l'école forme si mal : merci pour eux ! Ces mêmes Y font néanmoins preuve de qualités d'innovation et de créativité qu'il serait absurde de borner par le retour à des méthodes d'un autre âge. Si l'école ne réussit pas mieux, c'est avant tout parce que le monde a changé. Ne condamnons pas les enfants Z au retour à des méthodes dignes de leurs arrière-grands-parents !

Quand la discipline tue

À justifier le droit à la toute-puissance des parents à l'égard de leurs enfants au nom de la discipline dans ce qu'elle a de plus rétrograde, on prend le risque des abus les plus graves.

Dans son essai *To Train Up a Child* (« Éduquer un enfant »), le pasteur américain Michael Pearl n'encourage ni plus ni moins que l'usage des châtiments corporels sur les tout-petits, s'inspirant des principes utilisés par les amish pour « dresser leurs mules » !

Vendu à près de 700 000 exemplaires, cet ouvrage explique ainsi comment frapper un enfant, dès ses six mois, sans le blesser. Mais déjà trois enfants sont déjà morts de tels sévices au sein de familles qui utilisaient ces méthodes dont on hésite même à dire qu'elles sont d'un autre âge...

1. Jean-Paul Brighelli, *La Fabrique du crétin*, Jean-Claude Gawsewitch Éditeur, 2006.

Un grand retour en arrière des libertés ?

Plus grave mais bien lié au possible retour en arrière de l'éducation, la menace d'un grand retour en arrière des libertés est réelle, et notamment sur Internet. Si tous les régimes dictatoriaux essaient de contrôler le Net, les démocraties ne sont pas exemptes de reproches. Une loi comme Hadopi, certes votée pour protéger les revenus des artistes, fait néanmoins de la France l'un des premiers pays au monde à se doter d'une institution globale de contrôle de l'Internet. Dans son Observatoire des ennemis de l'Internet[1], Reporters sans frontières la classe dorénavant à la catégorie des « pays sous surveillance ». Il faut reconnaître que la haine du web est parfois partagée par les profils les plus divers. « Le Net est la plus grande saloperie qu'ont jamais inventée les hommes », n'hésite pas à affirmer le publicitaire Jacques Séguéla[2], celui-là même auquel on doit la campagne présidentielle victorieuse de François Mitterrand en 1981. Trente ans, déjà... Eh oui ! avant le Net, Séguéla et ses troupes de pub' essayaient de contrôler ce que nous pensions et de modeler notre consommation. C'est bien plus compliqué aujourd'hui, et l'on comprend que cela provoque de l'urticaire chez les ex-maîtres des médias.

L'anti-web se développe aussi quand il faut trouver des boucs-émissaires. Après les émeutes de 2011 en Grande-Bretagne, le Premier ministre David Cameron a prôné le blo-

1. http://fr.rsf.org/surveillance-france, 39712.html
2. Dans l'émission de télévision « On n'est pas couché », France 2, octobre 2009 (à voir Sur YouTube).

cage des réseaux sociaux lorsqu'il s'agissait d'y « planifier des actes criminels ». Il pensait alors aux messages cryptés que s'échangeaient par Blackberry les émeutiers avant de piller les magasins. Mais les autorités chinoises (qui verrouillent la Toile chez elles pour étouffer la contestation politique) s'en sont immédiatement réjouies, actant qu'il fallait lutter contre ceux qui prônent la violence sur Internet... La technique permet aujourd'hui une surveillance immense par le Net : alors, en cette période de grande paranoïa (d'attentats terroristes, en particulier), pour les uns, il est tentant d'en venir aux actes pour protéger des citoyens apeurés, et pour les autres, de sacrifier une partie de leurs libertés.

Ce possible grand retour en arrière des libertés n'est pas seulement destiné au monde virtuel. L'apparente nonchalance avec laquelle les policiers américains arrosent de gaz au poivre les manifestants d'Occupy Wall Street – et les arrêtent brutalement – fait froid dans le dos. Comme si l'on pouvait s'attaquer impunément aux jeunes manifestants du moment qu'on ne fait pas preuve d'une trop grande violence apparente ! Les arroser de gaz, oui, les frapper, non. Les flash-ball, oui, les armes, non. La répression se fait douce pour être plus efficace mais n'en vise pas moins à éteindre dans l'œuf les velléités d'expression des plus jeunes. La génération Z va sûrement devoir lutter pour préserver certaines libertés.

Test : êtes-vous bien un Y ?

1. Le matin, la première chose que vous faites :
   a/ aller aux toilettes
   b/ regarder si vous avez reçu des SMS ou des e-mails sur votre Smarphone
   c/ prendre une douche

2. En arrivant à votre travail, vous commencez par :
   a/ ouvrir votre courrier
   b/ boire un café
   c/ checker vos e-mails

3. Vous vous faites voler votre smartphone pour la troisième fois :
   a/ vous en achetez un nouveau immédiatement
   b/ vous attendez (des mois) que votre assurance le rembourse
   c/ y en a marre, de ces trucs hors de prix, je vais reprendre le vieux mobile de ma mère

4. Les Anonymous, c'est :
   a/ le mot anglais pour anonyme
   b/ un groupe d'activistes du Web

c/ Le groupe préféré des jeunes Américains, après Justin Bieber

5. Quand vous cherchez une information…
   a/ vous ouvrez votre *Larousse* papier édition 2007
   b/ un petit clic et nous y voilà, merci Google
   c/ vous appelez votre mère

6. Lorsque vous prenez des photos, avez-vous parfois l'impression d'en prendre trop ?
   a/ oui
   b/ non

7. Pendant vos heures de travail :
   a/ vous ne vous risquez pas à aller sur le Net autrement que pour y vérifier une information professionnelle
   b/ vous papillonnez allègrement, de Facebook à Youtube en twittant et en envoyant des SMS
   c/ le Net, ce n'est pas sérieux quand on veut travailler

Si vous êtes un vrai Y, vous avez répondu :
1 b ; 2 c ; 3 a ; 4 b ; 5 b ; 6 non (on n'est plus à l'ère de la pellicule et votre carte mémoire peut en contenir 700, même si chacune fait 7MO) ; 7 b.

À LIRE ET À CONSULTER

Sites Internet

Le « pape » de la génération Y en France, Benjamin Chaminade, livre ses réflexions sur son site GénérationS : www.generationy20.com

Spécialiste du management et des ressources humaines, Julien Pouget livre ses expériences avec les jeunes sur son site http://lageneration y.com

Pour les passionnés de la culture Web, le site http://owni.fr est une mine d'informations.

Une petite vidéo dessinée résume très bien qui sont les Y : http://vimeo.com/33023016

Les Y ont aussi un site dédié en matière de consommation : www.theyers.fr

Le site de l'Observatoire de la vie étudiante est une mine pour qui veut en savoir plus sur les comportements étudiants : www.ove-national.education.fr

Planète Y est le site qu'a créé la CCIP (Chambre de commerce et d'industrie de Paris) pour répondre aux questions des jeunes : www.campus.ccip.fr/webzine.html

Génération Non Non : un blog qui présente des extraits choisis de l'actualité qui touche la jeunesse, vue par trois journalistes http://generation-non-non.blogs.nouvelobs.com

L'Ordre des experts comptables a publié un excellent document de synthèse intitulé « Voyage au pays de la génération Y » (www.calameo.com/books/000431706ff37f89d4d22)

Bibliographie

– Douglas Coupland, *Génération X*, 10-18, 1991
– Denis Cristol et Catherine Laizé, *Leadership et management*, De Boeck, 2011
– Monique Dagnaud, *Génération Y. Les jeunes et les réseaux sociaux, de la dérision à la subversion*, Presses de Sciences-Po, 2011
– Marie Desplats et Florence Pinaud, *Manager la génération Y, travailler avec les 20-30 ans*, Dunod, 2011
– Anne Dhoquois, *Premier emploi : quand les jeunes racontent*, Autrement, 2010
– Anne Dhoquois, *Paroles libres de jeunes de banlieue*, L'Express Éditions, 2011
– Olivier Galland, *Sociologie de la jeunesse*, Armand Colin, 2011
– Olivier Galland et Bernard Roudet (dir.), *Les valeurs des jeunes : tendances en France depuis vingt ans*, L'Harmattan, 2005
– Pierre Mercklé, *Sociologie des réseaux sociaux*, La Découverte, 2011
– Anne Muxel, *L'Expérience politique des jeunes*, Presses de Sciences-Po, 2001 (en téléchargement)
– Daniel Ollivier et Catherine Tanguy, *Génération Y, mode d'emploi*, De Boeck, 2008
– Julien Pouget, *Intégrer et manager la génération Y*, Vuibert, 2010
– Cécile Van de Velde, *Devenir adulte. Sociologie comparée de la jeunesse en Europe*, PUF, 2008
– Cécile Van de Velde, *Jeunes d'aujourd'hui, France de demain*, La Documentation française, 2010
– Pascale Weil, *Tels pères... quels fils*, Eyrolles, 2006

TABLE

Table

Cet ouvrage a été composé
par IGS-CP à L'Isle-d'Espagnac (16)

Imprimé en France
par JOUVE
1, rue du Docteur Sauvé, 53100 Mayenne
février 2012 - N° 853808J

JOUVE est titulaire du label imprim'vert®